"广西高校人文社会科学重点研究基地滇黔桂边革命老区人文精神与社会发展研究基地基金资助项目"编号：24DQGBZB08

马克思主义研究文库

马克思主义传播
与中国社会科学发展研究

1919—1949

瞿久淞 | 著

光明日报出版社

图书在版编目（CIP）数据

马克思主义传播与中国社会科学发展研究：1919—
1949 / 瞿久淞著 . -- 北京：光明日报出版社，2024.
8. -- ISBN 978 - 7 - 5194 - 8239 - 8

Ⅰ. D61；C12

中国国家版本馆 CIP 数据核字第 2024UE7393 号

马克思主义传播与中国社会科学发展研究：1919—1949
MAKESI ZHUYI CHUANBO YU ZHONGGUO SHEHUI KEXUE FAZHAN
YANJIU：1919—1949

著　　者：瞿久淞	
责任编辑：杜春荣	责任校对：房　蓉　乔宇佳
封面设计：中联华文	责任印制：曹　净

出版发行：光明日报出版社

地　　址：北京市西城区永安路 106 号，100050

电　　话：010-63169890（咨询），010-63131930（邮购）

传　　真：010-63131930

网　　址：http：// book. gmw. cn

E - mail：gmrbcbs@ gmw. cn

法律顾问：北京市兰台律师事务所龚柳方律师

印　　刷：三河市华东印刷有限公司

装　　订：三河市华东印刷有限公司

本书如有破损、缺页、装订错误，请与本社联系调换，电话：010-63131930

开　　本：170mm×240mm

字　　数：130 千字　　　　　印　　张：13

版　　次：2025 年 3 月第 1 版　　印　　次：2025 年 3 月第 1 次印刷

书　　号：ISBN 978 - 7 - 5194 - 8239 - 8

定　　价：85.00 元

目 录
CONTENTS

绪　论

晚清以来，中国传统的学术系统在不同程度上注入了新鲜血液，哲学、经济学、社会学、历史学、政治学等西方社会科学被看作认识社会的新工具，而纷纷引入中国。西方哲学社会在与中国传统的学科激荡交融过程中推动了中国近现代哲学社会科学的发展。西方哲学社会科学的传入，拓宽了中国人的思想视野。推动中国向西方学习的进程不断深化，具体表现在科学方法由自然科学领域扩展到社会科学领域。马克思主义最初和其他西方知识体系一样，被中国知识分子当作新的知识译介到中国。俄国十月革命胜利以后，马克思主义作为布尔什维克党的指导思想获得了实践的成功检验，引起了中国思想文化界的高度重视。李大钊、陈独秀、李达等人一方面加强了马克思主义的宣传和经典著作的译介工作，另一方面还将马克思主义的基本观点、立场和方法运用于中国社会问题的研究，产生一系列学术研究成果，推动中国近现代哲学社会科学的研究转型。马克思主义理论特别是唯物史观、辩证法的研究深入学理层面，为中国哲学社会科学的现代发展奠定了学理基础，为新民主主义革命胜利提供了学理支撑。

第一章

马克思主义传播与中国哲学的发展

　　中国传统思想文化中并没有严格意义上的哲学概念。明末清初，西方哲学开始由西班牙传教士传入中国，晚清时期，西方哲学著作大量输入中国。"哲学"这一概念最初是由日本传入中国的。哲学概念的广泛传播和使用，标志着哲学从中国传统的儒学、经学等学科中分离出来进行单独研究。这一时期进化论、唯心论、唯物论等概念及其思想观念都被广泛译介过来。马克思主义的唯物史观在西学东渐的过程中被当作一种学说介绍到中国，俄国十月革命以后则开始广泛传播开来。俄国十月革命的成功让在黑暗中摸索的中国知识分子看到了通往胜利的曙光。作为布尔什维克党指导思想的马克思主义，受到了中国进步知识分子的关注，中国知识分子通过不断比较和甄别，摆脱资产阶级、小资产阶级思潮的影响，最终选择了马克思主义。李大钊是第一个扛起宣传俄国十月革命和马克思主义旗帜的人，他以敏锐独到的眼光发表了《法俄革命之比较观》

《庶民的胜利》《布尔什维主义的胜利》《给新闻界开一个新纪元》等重要文章，宣传唯物史观和俄国十月革命思想。大革命失败后，以毛泽东为代表的中国共产党人自觉运用马克思主义的世界观和方法论，总结国内革命战争的经验教训，科学地分析中国社会和中国革命的历史特点，独立发动和领导了新的革命武装斗争，创建农村革命根据地，开辟了农村包围城市，武装夺取政权的道路。马克思主义哲学的研究和传播在大革命失败以后也进入了一个新的阶段。大革命前，马克思主义哲学在中国传播主要以介绍马克思革命唯物史观为主。大革命失败后，中国共产党人和广大哲学社会科学工作者为了革命的需要，在宣传马克思主义革命唯物史观的同时，也积极宣传马克思主义唯物辩证法，并在社会科学领域同各种非马克思主义和反马克思主义的哲学思潮展开了尖锐的斗争。与此同时，马克思主义哲学社会科学工作者也努力将马克思列宁主义普遍原理同中国革命具体实践紧密结合起来，使之在中国具体化。

第一节　马克思主义传播推动哲学著作编译工作的发展

20 世纪 20 年代末，一大批进步的理论工作者先后从国内其他地方和国外辗转集结到中国共产党中央领导机构所在地——上海。他们以上海为中心，努力从事革命理论的介绍和宣传工作，为新革命高潮的到来做思想理论上的准备。1928 年以后，大量唯物辩证法著作在中心城市上海、北平（现北京）、天津等地大量翻译和出版，兴起了"唯物辩证法热"。有学者指出："一九二八年至一九三二年短短的时期中，除了普罗文学的口号而外，便是唯物辩证法和唯物史观之介绍，这是新书业的黄金时代。在这时，一个教员或一个学生书架上如果没有几本马克思的书总要被人瞧不起的。"① 由此可见，当时马克思主义哲学在知识分子中传播之广泛。

这一时期马克思主义哲学的传播，以翻译出版马克思主义哲学经典著作和苏联等国哲学家研究介绍马克思主义哲学的著作为主要形式。当时进步哲学社会科学工作者克服重重困难，采取各种方法，使马克思主义哲学（尤其是唯物辩证法方面的）著作的翻译出版量达到前所未有的程度。特别是 1929 年被认为是"社会科学的出版物风行时的年头……新兴社会科学类的马克思主义唯物辩证法、政治经济学书籍占绝大多数"②。就连马克思主义哲学的反对者们，也不得不承认"这几年来坊间出版了不少关于唯物辩证法的书。无论赞成或反对，唯物辩证法闯入哲学界总可以说是一个事实"③。根据卢毅的统计，当时中国哲学界将德国、法国、苏联、日本等国外著名马克思

---

① 谭辅之. 最近的中国哲学界 [J]. 文化建设月刊, 1937, 3 (6): 83.
② 君素. 一九二九年中国关于社会科学的翻译界 [J]. 新思潮, 1930 (2-3): 297-309.
③ 张东荪. 唯物辩证法论战 [M]. 北平：民友书局, 1934: 135.

主义学者的著作和哲学教科书大量翻译介绍到中国，对唯物辩证法在中国的传播起到了巨大作用。

一、马克思恩格斯哲学经典著作的译介

1927年以前，马克思主义哲学经典著作的中文全译本较少，大都是节译或摘译，通常刊登在中国共产党创办的刊物或者其他进步刊物上。1927年以后，开始有较多的马克思主义哲学经典著作中文全译本出版。1928年3月，林超真（郑超麟）编译的《宗教·哲学·社会主义》一书由上海沪滨书局出版。该书内容包含了恩格斯的《原始基督教史论》《空想社会主义与科学社会主义》《费尔巴赫与德国古典哲学的末日》和马克思的《关于费尔巴哈的提纲》等重要文献。当年的出版介绍将这本书看作"阐明史的唯物论哲学之唯一巨著""研究马克思主义的必要读物"。同年11月，由陆一远翻译恩格斯的《劳动在从猿到人转变过程中的作用》（当时译为《马克思主义的人种由来说》）一书，由上海春潮书局出版发行。

1929年，李膺扬（杨贤江）翻译恩格斯的经典著作《家庭私有财产及国家之起源》由上海新生命书局出版，这是中国自1919年开始译介这部著作以来首次出版的全译本。同年7月，上海中外研究会翻译出版列宁的《国家与革命》，这是该书第一次以单行本出版。同年10月，彭嘉生翻译了恩格斯的《费尔巴哈论》（《路德维希·费尔巴哈和德国古典哲学的终

结》），由上海南强书局出版。杜竹君翻译的马克思的《哲学的贫困》，同年也由上海水沫书局出版发行。

1930年2月，上海沪滨书局出版李一氓编译的《马克思论文选译》，书中收录了马克思的《黑格尔权利哲学批判》《法兰西唯物论》等10篇论文，其中7篇是第一次译成中文。同年3月，上海乐群书店出版刘曼译的马克思《政治经济学批判》（译为《经济学批判》）。同年4月，上海江南书店出版向省吾译的《马克思恩格斯关于唯物论的断片》，内容包括《费尔巴哈论》（《关于费尔巴哈的提纲》）、《"费尔巴哈论"的拾遗》（《自然辩证法》的札记和片段）、《唯物史观论》（《社会主义从空想到科学的发展》英译版导言）、《法国唯物论史》（《神圣家族》第6章）、《马克思的唯物论与辩证法》（马克思《政治经济学批判》的摘译）。同年7月，笛秋、朱铁笙合译列宁《唯物论与经验批判论》，由上海明日书店出版。同年10月，陈启修翻译马克思《资本论》（第1卷第1分册），由上海昆仑书店出版。这是《资本论》的第一个中译本。同年11月，吴黎平翻译的恩格斯《反杜林论》，由上海江南书店出版。这是《反杜林论》的第一个中文全译本。

1932年8月，上海神州国光社首次全文出版杜畏之翻译的恩格斯《自然辩证法》。至此，马克思主义主要哲学著作在中国都有了比较完整的中文译本。马克思主义哲学著作的翻译出版，为中国人民直接深入学习和掌握马克思主义哲学这个最科学的世界观和方法论提供了基本的必要条件，也标志着马克思主义哲学在中国的传播进入了一个新的阶段。

二、苏联等国哲学家著作的译介出版

除了马克思主义哲学的经典著作，苏联、日本、德国等有关唯物辩证法研究的著作及哲学教科书，在 1929 年以后被大量翻译出来。如苏联的哲学家阿德拉斯基的《哲学的唯物论》、布哈林（Николай Иванович Бухарин）的《辩证法的唯物论》、普列汉诺夫（Георгий Валентинович Плеханов）的《战斗的唯物论》《马克思主义的哲学问题》《从唯心论到唯物论》《近代唯物论史》、阿·莫·德波林（Deborin，Abram Moiseevich）的《自然辩证法与自然科学》《辩证法的唯物论入门》《哲学与马克思主义》等在上海出版发行。德国哲学家塔尔海马（August Thalheimer）的《辩证唯物论入门》、约瑟夫·狄慈根（Dietgen Joseph）的《辩证法的逻辑》《辩证法的唯物观》《新唯物论的认识论》，法国拉法格（Paul Lafargue）的《思想起源论》《哲学问题之唯物的研究》，日本山川均的《辩证法与资本制度》、河上肇的《唯物论纲要》等也被翻译出版。在这些哲学译著中，《辩证法唯物论教程》《辩证唯物论与历史唯物论》《新哲学大纲》被誉为 20 世纪 30 年代中国翻译的三大马克思主义哲学名著。

《辩证法唯物论教程》是苏联学者西洛可夫和爱森堡等编

写的哲学著作，由李达和雷仲坚合译。这本书是李达 20 世纪 30 年代翻译的一部重要著作，也是 20 世纪 30 年代三大马克思主义哲学著名译著之一。《辩证法唯物论教程》坚持马克思主义的历史唯物主义原则，在阐述马克思主义创立和发展的过程时，突出阐述了马克思主义发展的新阶段——列宁主义阶段。著作指出列宁在无产阶级专政、公共联盟、民族和殖民地问题上发展了马克思主义，阐释了帝国主义本质，提出的无产阶级专政理论构成了马克思主义哲学发展的新阶段。书中还用较大篇幅阐述了对立统一规律在唯物辩证法中的地位，提出了主要矛盾、矛盾的主要方面以及矛盾的特殊性和矛盾的统一性等概念。矛盾对立统一规律对毛泽东撰写《矛盾论》产生重要影响。这本著作对辩证法的研究与阐释代表了 20 世纪 30 年代马克思主义研究的最新成果。

米丁（Mark Boristantinos）的《辩证唯物论与历史唯物论》由沈志远翻译，全书 70 多万字，分为上下两册出版。《辩证唯物论与历史唯物论》是三大哲学译著中字数最庞大的一部。在 20 世纪 30 年代众多的翻译著作中，罗瑞卿认为"沈志远翻译的《辩证唯物论与历史唯物论》比较通俗易懂"①。《辩证唯物论与历史唯物论》是 20 世纪 30 年代中叶斯大林确立领袖地位后编写的，书中对列宁主义包括斯大林主义做了很高的

---

① 罗瑞卿. 关于军队中在职干部的教育问题［J］. 八路军军政杂志，1939
（2）：11-16.

评价，对一些历史人物的评价，由于政治斗争有一定偏颇之处，但是瑕不掩瑜。《辩证唯物论与历史唯物论》从辩证唯物论"实践第一"的观点出发，重视社会实践的意义，强调实践是认识的真理标准，实践的观点"应当被看作认识的第一和基本的观点"。这种注重实践，强调实践为真理标准的认识观，对中国共产党从实际出发，坚持理论联系实际有一定指导意义。

《新哲学大纲》由米丁等 10 位苏联哲学家撰写，是 20 世纪 30 年代三大马克思主义哲学著名译著之一，由艾思奇、郑易里翻译。该书是由《苏联大百科全书》中的哲学条目汇聚而成，大多为提纲挈领的论断，当时在苏联具有相当高的权威性。该书在阐述马克思主义发展史时，重点论述了马克思主义发展的列宁阶段，同时对斯大林进行了突出的宣传。该书主要特点就是阐述了马克思主义哲学的两个主要特征，一是阶级性特征，二是理论和实践相结合的特征，强调辩证唯物论的发展观。《新哲学大纲》比较通俗易懂，更适合一般读者阅读，因此在中国读者较多，产生的影响也较大。

由于大量唯物辩证法的著作在中国出版，中国思想文化界加强了唯物辩证法的研究，并在 20 世纪 30 年代形成了"唯物辩证法热"，这表明了中国人民对马克思主义哲学的认识和掌握已由前一时期偏重于唯物史观、忽略辩证法，进入了比较完整、系统研究唯物辩证法的新阶段。在这一新阶段，唯物辩证法得到了高度重视并被广泛传播。究其主要原因，一是 1927 年以后，中国共产党人认真总结大革命失败的经验教训，认识到进行新民主主义革命需要用一种科学的方法论来指导认识中国社会的特殊性质、特殊矛盾和特殊规律，找到中国革命发展的特殊道路。二是通过革命实践，中国共产党人意识到把整个马克思主义哲学仅仅理解为唯物史观是不严谨、不全面的。"唯物主义历史观及其在现代的无产阶级和资产阶级之间的阶级斗争上的特别应用，只有借助于辩证法才有可能。"① 三是反马克思主义者和假马克思者拼命歪曲攻击唯物辩证法，引起思想上的混乱，为了辨别真假，中国共产党人及马克思主义理论工作者，在批判了假马克思主义和反马克思主义者的种种诘难基础上，进一步阐释了唯物辩证法的科学性、阶级性和实践性。

　　唯物辩证法借助文本著作的广泛传播，使中国人民对马克思主义哲学的认知进一步深化，为中国共产党人解决中国革命的实际问题提供了科学的思想理论武器，为中国革命不断走向胜利提供了理论支撑和文本依托。

三、中国学者马克思主义哲学研究著作的出版

　　马克思主义唯物辩证法的广泛传播，与哲学社会科学工作

---

　　① 中共中央马克思恩格斯列宁斯大林著作编译局. 马克思恩格斯选集：第 3 卷[M]. 北京：人民出版社，2012：746-747.

者积极开展哲学的研究和宣传是分不开的。中国学者写成的唯物辩证法著作冲破了国民党的禁令和层层阻挠，在上海、北京、广州等大城市大量出版发行，这些著作不仅有着极高的学术价值，同时也朝着通俗化、中国化的方向发展，对中国的哲学发展产生了重要影响。20世纪30年代中国学者写成的唯物辩证法代表著作如表1所示。

表1 中国学者20世纪30年代哲学代表作①

书名	著译者	出版机构	出版时间
《唯物辩证法入门》	朱明	上海文艺书局	1930年
《无产阶级的哲学》	张如心	上海光华书局	1930年
《苏俄哲学潮流概论》	张如心	上海光华书局	1930年
《辩证法学说概论》	张如心	上海江南书局	1930年
《哲学概论》	张如心	上海昆仑书局	1932年
《辩证法研究》	郭湛波	北平景山书社	1930年
《马克思主义世界观——唯物辩证法》	卢舜昂	北平旭光社	1932年
《史的唯物论之伦理哲学》	刘剑横	上海亚东图书馆	1932年
《社会哲学概论》	赵一萍	上海生活书店	1933年
《现代哲学概论》	温健公	北平骆驼丛书出版部	1934年
《辩证法之理论的研究》	李衡之	上海神州国光社	1934年

---

① 卢毅.20世纪30年代的"唯物辩证法热"[J].党史研究与教学，2007（3）：50.

续表

书名	著译者	出版机构	出版时间
《通俗辩证法讲话》	陈唯实	上海新东方出版社	1936 年
《通俗唯物论讲话》	陈唯实	上海大众文化社	1936 年
《新哲学体系讲话》	陈唯实	上海作家书店	1937 年
《新哲学世界观》	陈唯实	上海作家书店	1937 年
《现代哲学的基本问题》	沈志远	上海生活书店	1936 年
《哲学讲话》改名《大众哲学》	艾思奇	上海读书生活出版社	1936 年
《社会学大纲》	李达	上海笔耕堂书店	1937 年

总的来说，马克思主义哲学传入中国以来，中国进步哲学社会工作者积极开展历史唯物主义、唯物辩证法的研究和传播工作，并将唯物辩证法运用于中国历史文化和社会现实的研究，提升了唯物辩证法在哲学社会科学研究中的指导地位，提高了马克思主义哲学在中国思想界、文化界的影响力。其中，艾思奇、沈志远、陈唯实、李达等对马克思主义哲学在中国的传播有突出贡献。

李达编写的《社会学大纲》全面阐述了辩证唯物主义和历史唯物主义的内容，被毛泽东誉为"中国人自己编写的第一本马克思主义的哲学教科书"。《社会学大纲》是李达对自己多年教学、研究和翻译马克思主义哲学的总结，再吸收苏联哲学界批判德波林学派的经验，经过对自己以往哲学研究工作的清算，历经三四年的酝酿逐渐写成的。1935 年在北平大学（现北京大学）法商学院先是作为讲义铅印，后又在教学实践中经过不断修改补充，于 1937 年 5 月由上海笔耕堂书店正式出版。《社会学大纲》是由辩证唯物主义与历史唯物主义两大部分构成的完整的马克思主义哲学体系。全书 40 余万字，分 5 篇 12 章。李达原计划将《社会学大纲》写成 6 篇，但因研究工作的重心已转移到经济学货币学方面，就只写到第 5 篇。

在《社会学大纲》中，李达从人类知识发展的角度高度评价马克思主义哲学的历史地位。李达认为辩证法是"一切先行的学说、思想及知识之辩证法的综合"① "与一切先行的哲学特别是德国古典哲学及社会科学联系着"② "一切先行哲学的历史，都是辩证法的历史"③。李达将马克思主义哲学置于人类的认识发展史中进行分析，称马克思主义哲学是"拮取了数年来人类认识的一切积极成果"④，唯物辩证法是"人类全部知识的历史总计、综合与总结"⑤。李达具体说明了唯物辩证法的思想渊源问题，阐述了马克思主义唯物辩证法与黑格尔、费尔巴哈的关系问题，还追溯到苏格拉底、柏拉图、亚里士多德的辩证思维。从文化传承、思想演变和历史空间客观看待马

---

① 李达.社会学大纲［M］.长沙：湖南教育出版社，2008：60.
② 李达.社会学大纲［M］.长沙：湖南教育出版社，2008：60.
③ 李达.社会学大纲［M］.长沙：湖南教育出版社，2008：60.
④ 李达.社会学大纲［M］.长沙：湖南教育出版社，2008：60.
⑤ 李达.社会学大纲［M］.长沙：湖南教育出版社，2008：60.

克思主义哲学，有助于人们对其做出客观评价。此外，在《社会学大纲》中，李达还阐述了唯物论关于物质与运动、时空之间不可分的性质，强调运动是物质的根本属性，运动是在一定时空中的运动；强调对立统一规律是唯物辩证法的根本规律，实践对于认识的决定性作用；强调历史唯物主义关于生产力和生产关系矛盾运动的原理，指明生产力和生产关系的矛盾运动等马克思主义基本原理。李达的《社会学大纲》以完整的形态传播马克思主义哲学，是中国马克思主义者研究马克思主义哲学的集大成著作，代表了中国学者马克思主义哲学研究的水平，对中国共产党思想理论水平的提升和马克思主义中国化的发展具有重要作用，在马克思主义发展史、学术史上具有重要地位。

第二节　马克思主义传播推动哲学研究的深化

20世纪30年代中国的思想文化领域因马克思主义的广泛传播而相当活跃，同时也引起了国民党的恐慌。他们千方百计地阻挠马克思主义书籍的出版传播，还组织大批御用知识分子肆意诋毁和篡改马克思主义哲学。为了认清社会现实，重塑革命的信心，奋战在思想文化战线前沿的马克思主义者纷纷撰文著书，阐述马克思主义哲学世界观和方法论，并运用马克思主义哲学世界观和方法论考察和分析中国社会现实，对各种错误思潮进行批判，捍卫了马克思主义哲学，为中国革命指明前进方向。20世纪30年代，围绕马克思主义哲学传播和运用的问题，发生了一系列论战。其中，有唯物辩证法问题的论战，关于"哲学"到何处去的论争，辩证法和形式逻辑的论争等。

一、张东荪、叶青等对辩证法的诘难

20世纪30年代，马克思主义哲学的迅速传播引起国民党的恐慌，在思想文化战线上，国民党加紧进行文化封锁和围剿的同时，也组织御用文人对马克思主义特别是唯物辩证法展开攻击。张东荪①先后发表《阶级问题》《辩证法的各种问题》等文章攻击唯物辩证法。叶青则发表了《科学与哲学》《哲学与科学》《哲学向何处去》《关于哲学存废问题》等文章，借

---

① 张东荪（1886—1973），原名万田，字东荪。现代哲学家、政治活动家、政论家、报人。曾为研究系、中国国家社会党、中国民主社会党领袖之一，曾任中国民盟中央常委、秘书长。早年留学日本，回国后，任中国公学大学部学长兼教授，燕京大学、清华大学教授。1912年出任南京临时政府大总统府秘书。1921年曾参加过上海共产主义小组会议，不久，以介绍新思想新文化为名，与梁启超等人宣扬基尔特社会主义，挑起了关于社会主义的论战。大革命后，加入张君劢组织的国家社会党，出版《再生》杂志，宣传国家社会主义，编辑《自由评论》，参与蒋介石的文化"围剿"。1941年参加中国民主政团同盟（1944年9月改称中国民主同盟），先后任华北支部委员、主任委员。1944年9月被选为中国民主同盟中央执行委员，1946年1月，作为民盟代表出席重庆政治协商会议。1946年8月，国家社会党与民宪政党合并，组成中国民主社会党，为主要领导人。在此前后，著文反对蒋介石的独裁统治，宣扬走"中间道路"。

批判张东荪哲学之名，曲解、篡改马克思主义哲学，造成思想界和学术界的混乱。马克思主义哲学社会科学工作者在批判张东荪和叶青哲学的基础上，阐明马克思主义的基本观点、政治立场和科学方法，推动马克思主义哲学研究的深化和在中国的传播。唯物辩证法论战亦称"哲学论战"，是 1930 年至 1936 年间中国哲学界就哲学消灭与否、本体论与认识论的关系、唯物辩证法的实质等问题进行的持续论战。1934 年张东荪编写了《唯物辩证法论战》一书，书中集中收录了其反对唯物辩证法的文章，这本书也被视为其攻击唯物辩证法的代表作。《唯物辩证法论战》一书积极宣传新康德主义，提出"架构论的宇宙观""多元认识论"等，攻击唯物辩证法，否定马克思主义哲学，认为"唯物辩证法既是入侵了哲学的领土"。① 在该书中，张东荪对辩证法展开了全面的攻击。一方面，他攻击马克思主义的否定观，他认为马克思最根本的错误在于"对'否定'的观点没有弄清楚"，因此马克思主义"论据上一切的错误都是从这个根本错误而出"②③ 的。张东荪认为"对于事实，只有'起'和'灭'，无所谓'否定'，因而也就用不到'否定之否定之法了'"④。另一方面，他攻击马克思主义哲学斗争

---

① 张东荪. 唯物辩证法论战 [M]. 北平：民友书局，1934：135.
② 张东荪. 唯物辩证法论战 [M]. 北平：民友书局，1934：167.
③ 张东荪. 唯物辩证法论战 [M]. 北平：民友书局，1934：209.
④ 张东荪. 唯物辩证法之检讨 [M] //张东荪. 唯物辩证法论战. 北平：民友书局，1934：168.

的观点，他认为马克思主义最大的一个错误就是"把矛盾又一转而成为'斗争'的意思"。张东荪否认马克思主义辩证法是事物变化的普遍规律，在他看来，"由冷变到更冷，依然是冷，并没有变热，所以不是矛盾；而没有否定，亦引不起质的不同。可见'变'是一个较广的概念，而辩证法只是变的一种"。由此，张东荪从根本否定唯物辩证法是事物联系变化的普遍规律，认为"唯物辩证法既是入侵了哲学领土，则哲学家便不能置之不理"①，其目的就是要将辩证法从哲学领域中驱逐出去。

二、批判张东荪哲学思想，阐明唯物辩证法实质

张东荪遭到了主张唯物辩证法学者们的坚决回击。秀侠发表了文章《张东荪的哲学》，对张东荪在《辩证法的各种问题》中对唯物辩证法的诘难进行了逐一批驳。姜琪发表文章《辩证法的几个难题之解决》同样对张东荪对辩证法的诘难进行了有力的反击，维护唯物辩证法在哲学上的地位。沧白的《唯物辩证法的读后感》、弱缨的《评张东荪的唯物辩证法论战》等文章，都专门批判了张东荪的观点。在批判张东荪的哲学中，又以邓拓和陈伯达的批判最为深刻且引人注目。

在论战中，邓拓撰写了文章《形式逻辑还是唯物辩证法》，

---

① 张东荪. 唯物辩证法之检讨［M］//张东荪. 唯物辩证法论战. 北平：民友书局，1934：135.

对张东荪攻击辩证法的观点做了比较全面的批判，代表当时马克思主义者的学术研究水平。邓拓对张东荪的批判主要集中在三方面。一是批判张东荪混淆马克思主义唯物辩证法和黑格尔辩证法的界限。张东荪将黑格尔辩证法的错误强加于马克思主义唯物辩证法之上，并荒谬地指出"凡黑格尔的毛病马克思无一不具，而黑格尔比较说得通的地方马克思却一概删除"①。邓拓批评了张东荪将马克思主义唯物辩证法与黑格尔辩证法混为一谈的做法实质是"企图蒙蔽问题的中心的一种烟雾"。邓拓还引用马克思、恩格斯的原话指出马克思主义唯物辩证法和黑格尔辩证法的区别，认为要谈论辩证法"就不能把它和黑格尔混杂起来"②。二是批判张东荪以形式逻辑观点曲解辩证法的错误。邓拓指出张东荪对事物本身充满矛盾的认识不足，因此才否定事物发展在于自身内部矛盾量的积累从而达到质的转变。张东荪的错误就是将辩证法仅仅归结于"逻辑的变"而不是"事物的变"，割裂了正、反、合之间的关系。将辩证法只理解为"正、反、合"这样一个唯一的简单公式，自然不能理解"由正到反是事物的发展，是由量到质的变；由反到合同样是矛盾的发展，是由量到质的变"③。张东荪企图以形式逻辑代替辩证法，认为分析事物有静的逻辑（形式逻辑）就够了，

---

① 张东荪. 唯物辩证法之检讨 [M] //张东荪. 唯物辩证法论战. 北平：民友书局，1934：144.
② 邓拓. 形式逻辑还是唯物辩证法 [J]. 新中华，1933，1 (23)：69-75.
③ 邓拓. 形式逻辑还是唯物辩证法 [J]. 新中华，1933，1 (23)：69-75.

根本用不上动的逻辑（辩证法）。邓拓对此进行了批驳，指出形式逻辑的局限性，只能就个别现象立论，而不能从事物历史发展角度进行观察。辩证法才是"自然界、人类社会及思维一般的存在运动和发展的法则。人们应用它可以认识、把握客观一切事物"①。三是强调唯物辩证法在人民群众认识活动中的重要作用。唯物辩证法之所以是人们分析事物运动变化发展的根本方法，是因为唯物辩证法本身的特点和事物运动的发展规律。邓拓认为唯物辩证法是自然、人类社会及思维存在、运动和发展的法则。唯物辩证法坚持从联系出发去把握一切事物，坚持在矛盾的对立统一中去把握一切事物，因为一切事物都是互相关联的、对立统一的、矛盾的、运动与变化的、因循发展的。事物发展是有规律可循的，而"唯物辩证法能够符合这些客观的规律，这就是它所以能够成为正确的科学方法的唯一理由"②。邓拓关于唯物辩证法的论述有力地批驳了张东荪"分析事物根本用不着辩证法""辩证法已经成了过时古董"的谬论，捍卫了辩证法在哲学研究中的地位，厘清了思想的迷雾，推动辩证法的深入研究。

在论战中，陈伯达也发表《理论批判：腐败哲学的没落》，批判张东荪哲学腐朽、落后的反动实质，对唯物辩证法进行了科学的解释。陈伯达指出，辩证法并不是张东荪所认为的纯粹

---

① 邓拓. 形式逻辑还是唯物辩证法 [J]. 新中华, 1933, 1 (23)：69-75.
② 邓拓. 形式逻辑还是唯物辩证法 [J]. 新中华, 1933, 1 (23)：69-75.

主观的产物，辩证法的三大法则（质量互变规律、对立统一规律、否定之否定规律）"乃是从自然史与社会史之中抽引出来，为自然史和社会史的反映"①。另外对于张东荪提出的"辩证法本身是辩证吗"的问题，陈伯达认为唯物辩证法本身不仅是辩证的，而且是不断发展的，辩证法本身就是辩证的，被宣布死刑的不是辩证法，而应该是张东荪的腐败的哲学。陈伯达对张东荪哲学的批判带有总结的性质，指出了张东荪哲学的腐朽性实质，阐明了辩证法的实质内容，加深了人们对辩证法的认识。

三、批判叶青哲学思想，厘清思想迷雾

在批判张东荪哲学的过程中，叶青打着批判张东荪哲学的旗号，肆意篡改马克思主义哲学，造成了思想界和学术界的混乱。为了清除此等不良影响，马克思主义哲学社会科学家工作者们在批判张东荪的同时，也对叶青的哲学思想进行了批判。

在论战中，叶青发表《哲学向何处去》《哲学与科学》《科学与哲学》《关于哲学存废问题》等论著，编辑《新哲学论战集》，以"机械论"批判张东荪理论的同时，宣扬其"哲学消灭论""物心综合论""生产工具论"等观点，歪曲马克思主义哲学。叶青依照辩证法原理，认为既然没有永远存在的

---

① 陈伯达.理论批判：腐败哲学的没落［J］.读书生活，1936，4（2）：42-44.

东西，那么哲学也一样不能永远存在。因此，他得出了"哲学不能永存，便无异于说哲学要消灭"①的结论。叶青还从马克思主义经典著作中截取部分论述，断章取义地认为马克思、恩格斯也主张消灭哲学。另外，叶青还颠倒马克思主义哲学关于内因和外因的关系，宣传其"外因论"。叶青认为如果事实上外因重于内因，则以研究外因为主，内因重于外因则以内因作说明。他还举例子进行说明，"譬如，历史的发展，在世界范围之内必须注重内因；而在国家范围内便有注重外因的，先进国家（如英、法）由封建时代到资本主义时代是内在的矛盾发展，必须注重内因，落后国家（如中、日）则由外部力量的作用，必须注重外因论"②。叶青的哲学看似有着一定道理，实质是机械地理解，甚至曲解篡改了马克思主义的原意。按照他的理解甚至会在一定程度上美化帝国主义对中国的侵略。于是，马克思主义理论工作者们在唯物辩证法论战中也对叶青"哲学消灭论"的反辩证法的实质进行了严厉的批判。

在批判叶青错误思想的马克思主义理论工作者中，沈志远、艾思奇是主要代表。沈志远发表文章《叶青哲学往何处去?》，批判了叶青的"哲学消灭论"。沈志远批评叶青打着新唯物主义理论旗号，却散布与辩证法背道而驰的形而上学的言论，是反辩证法。沈志远指出："辩证法固然告诉我们天下事

---

① 叶青. 论哲学底消灭 [J]. 新中华，1936，4 (22)：42-48.
② 叶青. 外因论与内因论 [J]. 研究与批判，1936，2 (2)：59-65.

物无不处于发生、发展和变化或否定底过程中的，死灭是变化或否定底形式之一，可是否定或变化却不一定是死灭。把否定解释成死灭，是曲解辩证法的一种企图。"① 沈志远还批评叶青混淆科学与哲学的关系，科学研究是客观世界某一具体部分的特殊运动的发展学问，而哲学则是研究整个客观世界总的运动法则的问题，两者有联系，但是研究对象明显不同，这也是新唯物论的原则。而叶青将哲学、科学甚至宗教研究对象混为一谈，这显然"跟新唯物论的见底毫无相同之点"②，犯了严重的错误。

在批判叶青的哲学观点中，艾思奇也专门撰写了《关于内因论与外因论》一文，着重批判了叶青的"内因论与外因论的统一论"。艾思奇指出："辩证法是把内因看作一切事物发展的根本动力的辩证法，对于外因虽然并不忽视，但认为内因是基础，是本质，是发展的必然性的决定原因。"③ 艾思奇还从中国近代社会研究出发，强调研究中国近代社会就要在内因上着重分析，坚持内因与外因的统一。艾思奇认为"我们要说明这些问题，要说明历史发展的问题，就得以中国社会内部矛盾做基础，研究这些外力是怎样通过这些内部矛盾而发生影响，研究中国在这些外力的影响下是怎样发生自己的矛盾运动。在这

---

① 沈志远. 叶青哲学往何处去？[J]. 读书生活，1936，4（5）：18-23.
② 沈志远. 叶青哲学往何处去？[J]. 读书生活，1936，4（5）：18-23.
③ 艾思奇. 艾思奇文集：第1卷 [M]. 北京：人民出版社，1981：325.

里外力的事实虽然要注重，然而却同时不可轻视内因，仍然要以内因做基础，仍然要在贯彻辩证法上的以内因为基础的内外因统一论"①。另外，艾思奇还撰写了《几个哲学问题》《论黑格尔哲学的颠倒》等文章，对叶青的其他反动谬论进行逐一批判，揭示叶青哲学的实质。

在有关哲学问题的系列论战中，邓拓、艾思奇、陈伯达、沈志远等马克思主义者站在捍卫马克思主义哲学的前列，发表一系列具有较高学术水平的文章，特别是 1934 年以后艾思奇在《读书生活》杂志上连载《哲学讲话》，系统宣传马克思主义哲学原理，对马克思主义哲学在哲学史上的重大意义、哲学的本质与定义、哲学与科学的关系、运动与静止、内因与外因、生产力与生产关系等范畴做了准确的阐述，推动马克思主义唯物辩证法在中国的进一步传播和研究。

第三节　马克思主义哲学的中国化和大众化

经历 20 世纪 20 年代末 30 年代初的深入探索和学术争论，马克思主义哲学与中国实际结合越发紧密。中国共产党在马克思主义指导下，领导中国人民进行伟大的抗日战争和解放战

---

① 艾思奇. 艾思奇文集：第 1 卷 [M]. 北京：人民出版社，1981：329.

争，在革命斗争实践中取得重要理论成果，实现了马克思主义在中国的飞跃。这主要表现在两方面：一是毛泽东思想在斗争中走向成熟，并在哲学、政治、军事、文化等各方面丰富拓展，形成完整的科学体系；二是延安哲学研究会等学术机构的成立标志着中国共产党获得了学术界的广泛支持，为马克思主义中国化实践提供了学理基础。

一、毛泽东与马克思主义哲学的中国化

土地革命时期，毛泽东将马克思主义基本原理和中国革命结合起来，冲破共产国际和党内教条主义的束缚，开辟农村包围城市、武装夺取政权的革命道路。在根据地建设中，毛泽东积极同党内的教条主义和主观主义作斗争，从哲学层面对党内的思想路线进行了总结，并写成了《中国的红色政权为什么能够存在?》《井冈山斗争》《星星之火，可以燎原》《反对本本主义》等经典名篇，运用唯物论和辩证法对中国革命进行科学总结。然而，毛泽东在当时并没有被以留苏归国人员为核心的中共领导层器重，毛泽东的政治智慧和理论创造在相当长的时间内被视为"山沟里的马克思主义"，并不具有正统性和思想上的话语优势，更缺乏学术上的支持。

遵义会议确立了毛泽东在政治和军事上的领导地位。在毛泽东同志的带领下，中国共产党领导下的革命武装经过艰难征途到达陕北，实现了历史上的战略大转移。到达陕北以后，以

毛泽东同志为领导核心的中国共产党对国内革命战争的经验教训进行认真总结，科学地分析中国革命所面临的一系列重大理论问题和实践问题，制定正确的路线、方针、政策和战略战术原则。毛泽东、朱德、刘少奇、周恩来等中国共产党人长征到达延安以后，深入地研究了马克思、恩格斯、列宁、斯大林的著作和其他哲学著作，将马克思主义哲学创造性地运用于军事、政治、经济、文化、形势分析和党的建设等方面，批判了在这些方面表现出来的"左"的和右的思想及其他各种形式的唯心主义和形而上学观点，系统地阐明了马克思主义的军事学说、社会革命论以及辩证唯物主义的思想路线和思想方法，丰富和发展了辩证唯物主义和历史唯物主义。

抗日战争和解放战争时期，毛泽东坚持以马克思主义哲学思想为指导来研究中国社会变革，自觉地将马克思主义哲学运用在政治、经济、文化、军事等领域，在军事战略、政治斗争、领导艺术、道德建设等领域取得了突出的成就。毛泽东哲学思想体系得到发展和提升，为马克思主义哲学中国化做出了重大贡献。

在军事领域，20 世纪三四十年代，毛泽东写出了《中国革命战争的战略问题》《抗日游击战争的战略问题》《论持久战》《战争和战略问题》等一系列军事哲学著作，从马克思主义哲学的高度来分析研究军事问题，深刻揭示了战争的起源和本质，揭示了抗日战争的发展规律，论述了战争中人的自觉能动性和客观物质条件的辩证关系，阐述了战争与政治、战争与革命以及人民战争战略战术的辩证法，论述了兵民是胜利之本，人民群众是战争力量的源泉，形成了军事辩证法的科学体系，丰富了马克思主义哲学的思想宝库。解放战争时期，毛泽东总结了中国革命战争长期的实践经验以及战略决战时期的新鲜经验，提出了"十大军事原则"和战略决战中的一系列战术思想，丰富了马克思主义军事辩证法。

在政治领域，毛泽东自觉地将马克思主义哲学的基本原理运用到中国革命的斗争实践中，强调马克思主义的立场、观点、方法对中国革命的指导意义，在政治斗争的实践中对马克思主义哲学进行运用和发展。毛泽东写出了《论反对日本帝国主义的策略》《统一战线中的独立自主问题》《目前抗日民族统一战线中的策略问题》《论政策》《中国革命和中国共产党》《新民主主义论》《论联合政府》《论人民民主专政》等著作，揭示了中国革命发展的基本规律、抗日战争的基本发展规律，阐明了文化与政治、经济的辩证关系，民主革命和社会主义革命的关系，创立了新民主主义革命的理论。在民族统一战线问题上，制定了"又联合又斗争"的政治策略，正确地解决各种矛盾，丰富和发展了统一战线的辩证法。毛泽东还运用马克思主义辩证法分析了国内和国际的政治形势，科学预测了中国历史发展的总趋势，制定了革命的战略策略。还指明中国面临的两种形势、两种命运、两种前途决定胜利的斗争，而斗争的中心是国家政权问题。同时科学分析国际形势，阐明了新的世界大战的两种可能性，革命人民应当采取的对策。此外，剖析帝国主义和一切反动派外强中干的实质，阐明了战略上要藐视敌人，战术上要重视敌人的辩证法。

毛泽东哲学思想的发展和拓展是多方面的，除了军事和政治哲学，在文化、道德哲学等方面也有着重要的创新。在文化方面，指出文艺要为人民大众服务，首先要为工农兵服务，强调生活实践是文艺创作的唯一源泉，文艺工作者要深入生活。在道德方面，论述了共产主义的道德核心和原则，阐明了道德评价问题上的动机、效果以及道德的批判和继承的辩证关系，为马克思主义伦理思想增加了新内容。在工作方法和领导方法上，把马克思主义哲学具体化为党的工作方法和领导方法，坚持了世界观和方法论的一致性。抗日战争时期，以毛泽东为代表的中国共产党人把马克思列宁主义普遍真理和中国革命具体实践进一步结合，从世界观方法论的高度上系统地总结了中国革命的独创性经验，推动了马克思主义哲学在中国的发展。

解放战争时期，毛泽东不断总结中国革命的历史经验，坚持彻底的辩证法，阐述中国革命发展的客观逻辑，创立具有中国革命特色的人民民主专政理论，发展了马克思主义国家学说，深刻批判美帝国主义者炮制的"白皮书"，阐明中国革命胜利的历史必然性，宣告了唯心史观的破产和唯物史观的胜利。毛泽东思想的成熟给广大干部和群众提供了理论武器，为迎接全国的胜利和新中国的诞生做好思想准备。这一时期，马克思列宁主义经典作家和外国学者的论著的译介研究工作仍在深入开展，同时中国共产党主要领导人以及众多马克思主义理论工作者的研究著作也大量出版，出现了一批对中国革命经验进行哲学概括和总结的好作品，为马克思主义哲学中国化做出重要贡献。

二、艾思奇与马克思主义哲学大众化

艾思奇是著名的马克思主义哲学家，他早年留学日本，回国后勤奋研究，认真教学，翻译了《新哲学大纲》，出版了论文集《新哲学论集》《思想方法论》等，其著作《哲学与生活》得到了毛泽东的高度评价。其著作《大众哲学》更是被蒋介石称为打败自己的武器。艾思奇一生为向大众普及马克思主义哲学做出重要贡献，开启马克思主义哲学大众化的先河。

（一）艾思奇《大众哲学》的出版

20 世纪 30 年代，国家贫弱，民不聊生，一般大众更是知识饥荒，人们迫切需要正确的理论和方法解决中国的出路问题。艾思奇为了满足中国的这种需要，放下学术研究，开始从事哲学大众化的活动。1934 年 11 月至 1935 年 10 月，艾思奇在《读书生活》杂志上连载《哲学讲话》，1936 年后，这些文章汇集成册出版，印行第 4 版时更名为《大众哲学》。《大众哲学》用人民大众常用的语言，结合大众熟悉的历史神话故事及

社会生活中的人和事，通俗化地阐明深刻的哲理，迅速地把马克思主义哲学传播到人民大众中去。《大众哲学》是通俗哲学书籍出版次数最多的一部著作。《大众哲学》出版后，在学生、店员、工人中产生了很大的影响，特别是在青年中影响深远，通俗明白的辩证法唯物论思想激励许多青年走上实现人民解放的革命道路。新中国成立前，《大众哲学》共印行了 32 版，市场仍供不应求。1979 年又印行了 35 万册，仍旧是一售而空。

《大众哲学》全书分四章共二十四节，从本体论、认识论、方法论以及唯物辩证法的三条定律阐述了辩证唯物论的基本内容，但又不仅仅停留在对辩证法基本内容的简单解释上，其中对某些原理阐述得比较具体并有一定程度的深化拓展。《大众哲学》不仅通俗易懂，而且有着丰富的内容，极具学术特色。具体来讲，其特点包括以下几方面。

一是以生活为依据，强调从日常社会生活来理解哲学，指出"哲学并不神秘"。艾思奇认为哲学之所以被神秘化，一方面由于人民大众亲近哲学的机会太少，另一方面由于观念论哲学者把哲学引向神秘的方向去了。其实在日常生活中，随时随地都有哲学的踪迹，只是我们习以为常，没有去反省，没有去感想，"而每一种感想里，就都潜伏着一种哲学的根底"①。因此，艾思奇号召人们在生活之中学习哲学、运用哲学，将哲学

---

① 艾思奇. 艾思奇文集：第 1 卷［M］. 北京：人民出版社，1981：136.

与现实生活密切联系起来，在社会生活中、在实践中发现事物的真理。艾思奇还强调要学习"最进步的哲学"马克思主义哲学，他指出"最进步的哲学系统是全人类历史的最优良成果，它可以帮助我们更敏捷、更正确地解决所要解决的问题"①。艾思奇强调从社会生活中运用和理解哲学，强调马克思主义哲学的指导地位，对促进哲学与生活的结合，推动哲学大众化有积极影响。

二是在分析唯心论和唯物论的过程中，阐明马克思主义唯物论的基本原则。艾思奇指出，世界上的事物可以分为主观事物和客观事物两大类。一部分是我们的思想、感觉、意志等属于我们自己的，称为主观事物；另一部分是属于我们之外的，包括天上地下以及周围的一切事物，这是客观事物。而这两大类事物之间的关系问题，即主观与客观的关系问题"是哲学上的一个根本性的问题"。只有解决了这个问题，对世界的认识就会得到一种根本性的见解，也就有了一种世界观。艾思奇指出，人们在对待主观与客观问题上有着各种各样的世界观，但总体上表现为唯物论和唯心论的分野，唯心论即观念论，过分夸大主观，以至于否定了客观事物。唯物论对于主客观的问题解决，一般认为客观世界是在主观之外独立存在的，并不是幻影；客观事物的变化也是依照着它自己的性质变化，即唯物论

① 艾思奇. 艾思奇文集：第 1 卷 [M]. 北京：人民出版社，1981：135.

承认客观事物的独立存在和独立法则，又承认主观是客观派生出来的。艾思奇还指出："唯物论不但承认物质的数量和位置的变动，同时更看重事物的变化，不但看重事物性质的变化，并且认为性质能够发展，能够进化，因为性质的发展和进化，所以物质又能够从低级的简单的状态变化成高级的状态……人类是世界上高级的物质，人类的思想就是一种高级的物质性质。因为，思想或精神只是物质发展的高级阶段的产物，是由物质中派生出来的。"① 艾思奇以通俗易懂的语言阐述马克思主义辩证唯物论的基本观点，坚持物质决定意识的唯物主义基本立场。

三是详细阐明人类认识过程中的矛盾问题，积极宣传唯物主义认识论。在《大众哲学》中，艾思奇坚持唯物论的反映论，认为人们有能力正确完整地认识客观世界，而且人们对客观世界的认识又"是客观事物的反映，是事物本身在我们主观中的反映"②"主观的形式与客观的内容结合着，这叫作主观与客观的统一，我们认识一切，都是在主观与客观的统一中实现的"③。艾思奇还指出在认识过程中时时刻刻都充满着矛盾，这种矛盾既有感性认识和理性认识的矛盾，也有实践和认识的矛盾。艾思奇用"不打不相识""理不辩不明""抬杠也会抬

---

① 艾思奇.艾思奇文集：第1卷 [M].北京：人民出版社，1981：157.
② 艾思奇.艾思奇文集：第1卷 [M].北京：人民出版社，1981：172.
③ 艾思奇.艾思奇文集：第1卷 [M].北京：人民出版社，1981：171.

出更巧妙的新花样"等通俗话语指明"人类认识是有矛盾的，正是因为有矛盾，所以才有进步"①。艾思奇在《大众哲学》中特别强调实践的重要性，认为实践对认识来说是最重要的东西，实践就是去改变事物，最后的真理只能由实践来验证。因为在实践中，人们一方面依据理论去改变事物，这是主观和客观存在的事物在对立、斗争，另一方面人们在斗争和实践中不断修正自己原有的主观错误，使它和客观的事物一致。这就逐渐实现主观和客观的对立统一，就更能接近真理。艾思奇在对认识论的阐述过程中，对感性认识和理性认识、认识与实践的矛盾进行阐述，描述认识运动的过程是感性—理性—理性—实践—新的感性—新的理性。这种过程无穷地连续、循环，每循环一次，人们的认识便更进一步，这种循环是螺旋式的循环，永远在发展、进步，绝不会停滞在原来的圈子里。在《大众哲学》中，艾思奇简单明了地阐明了人类认识的规律。

四是阐述了辩证法的基本范畴，积极宣传马克思辩证唯物主义方法论。对立统一规律、质量互变规律、否定之否定规律是辩证法的三大规律，也是艾思奇重点阐述的内容，艾思奇用通俗的文字和丰富的例子说明了三大规律。在论述量变与质变关系时，艾思奇指出两者变化的转换根本上是事物内部矛盾的结果，矛盾的发展引起量变，而矛盾的激化引起质变，就是所

---

① 艾思奇. 艾思奇文集：第 1 卷［M］. 北京：人民出版社，1981：178-179.

谓的"数量变化达到一定的程度时，矛盾的尖锐也到了不能再继续的程度了，于是就否定了旧的性质，而变成新的性质""经过了质变的过程，旧的质消灭，新的质建立起来，在新的质的内部，又包含着新的矛盾……这新的矛盾继续发展，就成了新的量变，所以又由质变转为量变"①。艾思奇将质量互变规律与矛盾法则联系起来，阐明了矛盾运动对质量互变的特殊引领作用。在阐述否定之否定规律时，艾思奇指出："世界上的一切事物，都依着肯定—否定—否定之否定（或正、反，合）的三个阶段发展的，由肯定到了否定之否定的时候，这事物就经历了两次的否定，就把它所有的矛盾的双方都解决了。于是达到了一个新的更高的基础上，再从此开始，新的正反合的发展和变化。每一个正反合，就成为事物的发展的每一个环节。"② 艾思奇认为否定之否定规律以及质量互变规律都是矛盾统一律发展的结果。

在阐述辩证法三大规律的同时，艾思奇对辩证法的基本范畴，如内容与形式、现象与本质、可能性与现实性、必然性与偶然性等也进行了阐释和说明，使辩证法规律的研究以及范畴的研究有机地结合起来，促进马克思主义在中国的全面传播。《大众哲学》冲破了国民党反动派的压迫和束缚，大量出版，成为青年人走上革命道路的正确指引。

---

① 艾思奇 . 艾思奇文集：第 1 卷［M］. 北京：人民出版社，1981：215.
② 艾思奇 . 艾思奇文集：第 1 卷［M］. 北京：人民出版社，1981：221-222.

（二）哲学大众化运动

20 世纪 30 年代，马克思主义哲学社会科学工作者为了使中国大众更加深入地接受和掌握先进的世界观和方法论，掀起了哲学大众化运动。在这个运动中，艾思奇是哲学通俗化和大众化的旗帜和典范，他的《大众哲学》架起了高深的哲学理论通向人民群众的桥梁，推动了哲学大众化运动。陈唯实、沈志远、胡绳等学者也为哲学的通俗化和大众化尽心献力，做出不可磨灭的贡献。

陈唯实从踏上哲学研究的道路起，非常重视哲学的通俗化、大众化，他认为要使新哲学（马克思主义哲学）易于为大众所理解和掌握，成为人们思想和实际生活的真正武器，就必须把新哲学的形式通俗化，内容具体化、实践化、战斗化，实行"哲学到大众中去"。继艾思奇的《大众哲学》出版之后，陈唯实也编写了《通俗辩证法讲话》和《通俗唯物论讲话》两部著作。这两部著作的显著特点就是理论通俗、容易看懂，内容具体、容易理解，使一般人知晓应该如何应用。这两部著作在当时影响比较大，是通俗阐释马克思主义哲学的畅销书籍。其中《通俗辩证法讲话》在出版后几个月就印行了 3 版，销售 6000 册。1937 年，陈唯实又出版《新哲学体系讲话》和《新哲学世界观》两部著作。他在《新哲学体系讲话》一书的序言中指出了玄学的哲学是抽象的、空洞的、神秘的，是少数人的哲学。新哲学是具体的、科学的，是大众所需要的文化。

使一般人都能听懂、看懂，理解它、接受它，这是大众哲学的真正意义。

沈志远的许多哲学论著也具有通俗化、大众化的特点。其中《现代哲学的基本问题》一书，是上海生活书店出版的"青年自学丛书"中的一辑。他在这本著作的序言中指出，哲学在今日，已经不是少数大学教授、学术家和特殊知识分子的"专利品"，一切靠劳动为生的普通大众，也有自己的新哲学思想，也有跟自己日常生活息息相关的哲学理论。这种哲学理论不再是僵化和难以理解的教条，它是活的大众生活的精确真实指导。这种哲学，就是新唯物论的哲学。对此，沈志远指出写作《现代哲学的基本问题》的目的，在于把指导大众生活和社会实践的新哲学理论，作一番简略的介绍，以便提供给终日辛勤劳作、时间和经济都缺乏两穷的大众朋友们。《现代哲学的基本问题》1936 年 6 月出版后，受到广大青年的欢迎，到 1949 年连续重版十多次。除出版大部头的著作外，还有学者通过通信和讲座的形式开展哲学通俗化、大众化运动。胡绳 1937 年在《新学识》杂志上连续发表了《漫谈哲学》，用书信的形式通俗地阐述哲学的对象、哲学和日常生活的关系、哲学和改造世界的关系、哲学和科学的关系。《自修大学》杂志，从 1937 年 4 月起还开办了"哲学知识"讲座专栏，这种形式对传播马克思主义哲学基础知识，推动哲学大众化也起到了积极的作用。

哲学通俗化、大众化运动，从张如心、艾思奇开始，经过众多进步哲学社会科学工作者的积极努力，发表了大量的论文，出版了丰富的著作，也通过各种生动形式把马克思主义哲学及时地传播到人民群众中去，交给了人民大众科学的理论武器，武装了人民群众的思想，激励着人民群众自觉参加革命斗争，为中国人民的民族解放斗争事业做出积极的贡献。

三、延安新哲学会与马克思主义哲学的中国化和大众化

延安新哲学会是抗日战争时期在延安建立的研究和普及马克思主义哲学的重要学术组织。1938 年 9 月，在毛泽东的倡导下，艾思奇、何思敬等 18 人发起成立延安新哲学会。延安新哲学会的成员大多数是从全国各地奔赴延安的，颇具影响力的著名马克思主义学者，他们之中不少人参加了"左联""社联"活动。在当时的延安，能出现这样一个规模较大的学术群体，表明在毛泽东身边出现了一个具有哲学、历史学、经济学、文艺、科学等学科背景的人才群体，对毛泽东哲学理论的提升及政治地位的提升起到重要作用。团结在毛泽东周围的延安新哲学会成员对扩大毛泽东的知识视域，使毛泽东不断获得人文社会科学的有效资源，提高自身政治话语的学术底蕴与广泛的党内影响力，有着重要的作用。

（一）为毛泽东思想提供重要的学理支持

土地革命时期，毛泽东不被以留苏归国人员为核心的中共

领导层器重，毛泽东的政治智慧与理论创造也被视为"山沟里的马克思主义"，并不具有正统性与思想上的话语优势，更缺乏学术上的支持。对毛泽东来说，延安新哲学会这个群体，有效地获取了四种学术支持力量。

一是留苏学生群体。毛泽东在政治上得到留苏学生群体的支持，显然是通过遵义会议，表现为毛泽东得到张闻天、王稼祥、任弼时等的政治支持。但在学术上得到留苏归国学生的支持，又显然是通过延安新哲学会。正是通过延安新哲学会，留苏归国的一些重要人物如陈伯达、张如心、吴亮平、郭化若、张仲实、杨松、肖（萧）劲光等，团结在毛泽东周围，使毛泽东在政治上、学术上有着正统而又有效的支持。这在当时是极为重要的。延安新哲学会的重要成员如杨松、张如心、张仲实等对"马克思主义中国化"命题的论证及提出论证"毛泽东思想"的概念，就是最好的例证。

二是留日学生群体。中国共产党在创建时，留日归国学生占主导地位，陈独秀、李大钊、李达、李汉俊、陈望道等都是留日归国学生。大革命失败后，中共领导核心成员一般是留学苏联的归国学生，这是中共创建时期有计划培养的一批年轻力量。原来留日归国学生及新近从日本回国的学生一般是在学术领域活动，从事进步文化事业，并主要集中在上海，于是有"左联""社联"等团体的成立。而延安新哲学会成员多来自上海，且不少具有留日经历，如艾思奇、何思敬、任白戈、周扬、刘芝明、王学文、成仿吾、何干之等，他们在当时的延安虽然不具有显著的政治话语权，但却具有更多的学术话语权和文化影响力。他们团结在毛泽东周围，对于毛泽东学术地位的提升与政治理论的学术论证，显然是很有意义的。

三是国内新式的学生群体及其他力量。五四时期及后五四时期，一批接受马克思主义影响的新式学生群体崛起，这在抗战时期的延安也是一支重要的文化力量。延安新哲学会中就有这样一支力量，如张琴抚、柯柏年、焦敏之、徐懋庸、和培元、杨招、于光远、冯文彬、莫文骅、温济泽、萧（肖）向荣、董纯才等。他们主要接受国内的新式教育，虽然没有留学经历，但在国内的思想文化学术界已经崭露头角，成为一支发展马克思主义的新生学术力量。

四是留学欧洲及国内学问功底好，思想转变为马克思主义的中年人。延安新哲学会中的王思华、徐特立、范文澜等是此类学术力量的重要代表，毛泽东能在思想上与传统文化、西方文化、经济学等学科发生联系，与他们的影响是分不开的。王思华曾于 1926 年至 1930 年间在法国里昂大学、英国伦敦大学政治经济学院留学。徐特立于 1919 年赴法勤工俭学，后入巴黎大学学习数学、物理等自然科学，后来又于 1928 年至 1930年间参加莫斯科中山大学特别班。范文澜虽没有留学经历，但是传统学术功底深厚，对毛泽东后来研究历史产生了重要影响。毛泽东曾致信范文澜说，自己"对历史完全无研究"，希望能从范文澜的研究中"学得一点"。

这四种力量集中在延安新哲学会之中，代表和影响了延安文化的发展方向。1938 年 5 月 5 日成立的延安马克思列宁学院，张闻天兼任院长，其主要成员很多是延安新哲学会的成员，如副院长王学文，编译室的柯柏年，中国历史研究室的范文澜，马克思列宁主义研究室的吴亮平（指导员），中国问题研究室的杨松（指导员）、陈伯达，政治经济学研究室的王学文（指导员）、王思华，哲学研究室的艾思奇、杨超、和培元等。而 1941 年 7 月由延安马克思列宁学院改组而建的延安中央研究院，其核心成员大多是延安新哲学会成员，如中国政治研究室主任张如心，中国经济研究室主任王思华，中国文化思想研究室主任艾思奇，中国历史研究室主任范文澜等。因此，有理由说延安新哲学会对于延安文化的形成及中国共产党文化的传承是有重要历史作用的。在它的带动下，延安以外的解放区和国统区许多干部和进步知识分子也掀起了学习马克思主义哲学的热潮。延安新哲学会和不少地方学术团体建立了联系，互相交换学习资料和研究成果，推动马克思主义哲学在中国的进一步传播。

（二）为"马克思主义中国化"命题的阐释做出重要贡献

延安新哲学会成员对"马克思主义中国化"命题的论述和阐发，使"马克思主义中国化"概念传布于思想文化界，为中国共产党开展马克思主义中国化实践提供了学理基础。"马克思主义中国化"命题首先由毛泽东提出，而这命题为思想界、学术界所认可，延安新哲学会成员的论证和宣传起到了极为重要的作用。其中艾思奇做了突出贡献，艾思奇的文章《哲学的现状和任务》《论中国的特殊性》等是对马克思主义中国化含义的科学阐发。首先，指出马克思主义中国化是坚持马克思主义的政治立场，精通马克思主义的基本理论，而不是背离马克思主义。其次，以马克思主义为指导重点研究中国社会，并"决定中国无产阶级在中国民族革命斗争中的具体任务及战略策略"①，因而是在中国运用马克思主义。最后，在中国的历史条件下进行"创造马克思主义的事业"，即发展马克思主义。艾思奇关于马克思主义中国化内涵的阐释，强调了在中国特殊的条件下对马克思主义的"精通""运用""创造"，即他后来指出的"马克思主义中国化，就是在于把马克思主义的真正精神，马克思主义的基本原则，应用到中国的具体问题上来，就是在中国的现实地盘上来把马克思主义加以具体化，加以发展"②。除了艾思奇，和培元、杨松、张仲实等也对"马克思主义中国化"概念命题从哲学的层面进行深入浅出的阐释，为"毛泽东思想"的形成做出重要贡献。

---

① 艾思奇. 艾思奇文集：第 1 卷 [M]. 北京：人民出版社，1981：481.
② 艾思奇. 艾思奇文集：第 1 卷 [M]. 北京：人民出版社，1981：553.

第二章

马克思主义传播与中国社会学的发展

社会学是西方资本主义社会发展的产物。19 世纪末 20 世纪初，一批心忧国家危亡，试图寻找改造中国良策的有志之士积极译介西方的各种思想政治学说以馈国人。社会学在此背景下被传入中国。20 世纪 20 年代，社会学在中国的翻译和研究已经具备了一定规模，在社会上产生了一定影响。随着五四运动的爆发，中国有志青年救亡图存的爱国热情逐渐转变为踏实有效的实践工作。在半封建半殖民地的中国，社会学研究中的实证主义方法被认为是认识社会现实、了解社会发展行之有效的方法，这种方法被看作推动社会改良和社会进步的重要认知工具。20 世纪 20 年代前，中国社会学研究接受的大都是美国的心理社会学和文化社会学之类的唯心论观点，其著作以介绍西方社会学理论为主。20 世纪 20 年代初，李大钊、瞿秋白等人运用马克思主义基本原理观察社会，总结和概括出比较系统的唯物史观社会学理论，为马克思主义社会学在中国的发展起到前驱开路的作用。20 世纪三四十年代，社会学的"中国化"趋向明显并逐渐走向成熟。其主要表现为两方面：一方面，是中国本土的社会学学者队伍的壮大和成熟；另一方面，是社会学研究立足于中国社会基本问题的研究，开辟了众多新的学科领域并取得了丰富成果，形成中国社会学学科概念和范畴，逐渐建构起具有中国特色的社会学话语体系。在中国社会学形成过程中，中国学者自觉运用马克思主义理论、立场和观点深入研究中国社会问题，"社联""中国农村经济研究会"等组织将研究中国社会基本问题和寻求变革中国社会的道路探索结合起来。20 世纪 30 年代的中国社会性质问题的论战、中国社会史的论战以及中国农村社会性质问题的论战使得中国的学者进一步明晰中国社会的性质和现实国情，提出中国社会是半殖民地半封建社会的科学论断。在此期间，中国社会学有两个重要的趋势，一是在注重社会学为革命斗争服务的同时，以中国社会现实问题为导向，积极向实证方面发展，强化对中国社会的调查，如陈翰笙领导的"中国农村经济研究会"进行的一系列社会调查工作。二是在吸收中国社会性质问题论战成果的基础上开展社会学体系的建设工作，开创了农村社会学、犯罪社会学、社会学史等分支学科，并产生了许多重要的研究成果。

第一节 社会学思想传播与中国社会学的本土建构

19 世纪末 20 世纪初，康有为、严复、章太炎等一批具有忧患意识的有志之士，为找到改造中国的良策，积极介绍西方的各种学说，社会学最初被视为认识和改造社会学说而介绍到中国。民国以后，被派往西方学习的留学生陆续学成归国，其中不乏社会学者，这些社会学者的回归，给中国的大学和科研机构增添了新生力量，使社会学学科在中国得以迅速建构和发展。五四运动爆发以后，马克思主义者将历史唯物主义和现代社会学的知识结合起来，对中国社会现实问题进行客观的分析研究。唯物史观社会学成为饱含社会冲突的近代中国的一种新兴革命理论指导，给人们特别是青年带来一种新思想武器。李大钊、瞿秋白等对马克思主义社会学的发展起到了前驱开路的作用，李达、许德珩、严景耀等将马克思主义与社会学知识结合起来，对中国近代社会问题进行深入研究，丰富了社会学的指导思想和理论基础，拓展了社会学的研究领域。

社会学是西方学术学科体系的"专门之学"之一。在引入学术学科体系的"专门之学"后，中国人文社会科学也开启了整理中国资源、研究中国问题、塑造中国风格、形成中国学派、构建具有中国特色的学科学术体系的历程。1925 年，时任

燕京大学（现中国政法大学）社会学系教授的许仕廉率先提出
建设"本国社会学"。1931年，孙本文也提出"建设一种中国
化的社会学"，并认为这是"今后之急务"，主张"采用欧美
社会学上之方法，根据欧美社会学家精密有效的学理，整理中
国固有的社会思想和社会制度，并依据全国社会实际状况，结
合而成有系统有组织的中国化的社会学"①。后来，他将建设
中国化的社会学的方案具体细分：一是系统地翻译介绍世界社
会学名著和欧美的重要社会学学说和研究方法，编辑中国的
《社会学词典》，编纂大学社会学教材及参考用书；二是整理中
国本土所拥有的社会学史料；三是深入实地研究中国社会的特
点，构建适合于中国国情的应用社会学，详细研究中国社会现
实问题，加紧研究和探讨中国社会事业与社会行政，切实研究
中国社会建设有效的方案。吴文藻则强调"以试用假设始，以
实地证验终""理论与事实糅合一起，获得一种新综合"，只
有这样，"现实的社会学才能植根于中国土壤之上，又必须有
了本地眼光训练出来的独立的科学人才，来进行独立的科学研
究，社会学才算彻底的中国化"②。孙本文、吴文藻所倡导的
"社会学的中国化"主张，强调社会学与中国现实国情相结合，
学科发展必须植根于中国土壤之上，推动了社会学在中国的发

---

① 孙本文. 中国社会学之过去现在及将来 [M] //中国社会学社. 中国人口问
题. 上海：世界书局，1932：19.
② 吴文藻. 功能派社会人类学的由来与现状 [J]. 社会研究，1936（101-
128）：85-91.

展。西方学成归国的社会学者们在传播社会学和推动社会学中国化方面做出了巨大努力。

一、创办社会学教研机构，培养社会学本土人才

20 世纪 20 年代，留学西方各国的学生陆续回国并在国内大学担任教职或从事研究，国内许多大学利用这一条件成立社会学系，开设社会学课程，培养中国的社会学人才。根据许仕廉的统计，1927 年 60 所大学中开设社会学课程 308 种，多设社会理论、社会问题等课程，徐声金、许仕廉、陈达、孙本文、瞿秋白等成为所在学校社会学系的扛鼎者。20 世纪 20 年代，这些接受西方社会学系统训练的社会学家发起成立各种研究会，建立自己的教学科研团队，为中国社会学的学科建设和人才培养奠定了基础，如余天休在北京组成"中国社会学会"，陶行知、朱其慧和晏阳初等人在北京发起成立"中华平民教育促进会"，随后陆续在全国 20 余省区设立分会，开办"平民学校"，后来还从事乡村建设的工作，特别是"平教会定县实验区"的活动吸引了许多知识分子的参加。1929 年 7 月，当时的"中华教育基金董事会"下属的社会调查部更名为"社会调查所"，这个研究所的主要工作是联合社会学界、经济学界的人士，用科学方法搜集社会事实加以研究。这个社会调查在当时所作的许多社会调查特别是农村调查，对中国社会学研究以及其他社会科学的研究都产生了很大的影响，以至于今天的社会

调查教科书中还常常提及。

二、建立社会学研究学会，聚集社会学研究队伍

1928 年 10 月，当时在上海各大学任教的社会学教授和学者们，发起成立"东南社会学会"，参加人员主要包括孙本文、余天休、吴泽霖、潘光旦、王际昌、应成一、俞项华、李剑华等国内知名社会学学者。1930 年 2 月，许仕廉、孙本文以原"东南社会学会"为基础，在上海发起成立了"中国社会学社"，中国社会学社会聚了国内各大学的社会学教授以及对社会学比较关心的各界人士。中国社会学社以联络全国的社会学者共同研究社会学理论和社会实际问题为主要任务，在推动社会调查的开展、译介社会学著作、编撰社会学书籍等方面做了不少的工作。这些社会学团体，有的以社会工作为主要宗旨，有的以社会调查为主要内容，有的以学术研究为主要方向，兴趣与侧重点有所不同，但在中国社会学的理论研究和实际工作中，对社会学研究队伍的集结，都做出了重要的贡献。

三、编译社会学著作，积极传播社会学理论

众多大学社会学系科的建立，导致社会学理论形成迫切需要之情，又形成高效产出之势，而迫切需要是因为人才的培养需要理论的指导，高效产出是因为社会学者们一边积极翻译国外社会学著作，一边结合自己的讲课著书立说、阐明问题。此

种状况从 20 世纪 20 年代至 40 年代一直没有中断。

赵作雄翻译的美国早年社会学家爱尔乌德（Charles A Ellwood）所著的《社会学及现代社会问题》，1920 年由商务印书馆出版。原书 1910 年出版，是美国的一本行销 20 万册的畅销书，在我国出版后，亦风行一时。孙本文曾称对国人之稍知社会学，在初期此书的影响甚大。在这本书中，用了五章，重点讨论家庭问题，这已非常清楚地表明社会学摆脱了哲学的框架，而以实证研究为其特色自成体系。20 世纪 20 年代的主要译著还有吴旭初翻译的法国早年社会心理学家古斯塔夫·勒庞（Gustave Le Bon）的《群众心理》（又名《乌合之众》），1927 年由商务印书馆出版；刘延陵所译的英国社会心理学家威廉·麦独孤（William McDougall）的《社会心理学绪论》，1922 年由商务印书馆出版。这些译著的出版发行，为社会心理学知识的传播提供了理论依据。

除了译介西方社会学著作，中国社会学者也积极撰写社会学书籍。陈长蘅著的《中国人口论》1918 年由商务印书馆出版。这是最早一本论及我国人口的专门著作，也是我国使用统计图表讨论社会问题的第一本书。书中提倡节制生育，主张适度人口，反对非自然的节育论，说明人口研究作为社会学研究的一个重要领域，中国社会学者在 20 世纪 20 年代就已涉猎。这本书于 1926 年再版，是我国早期研究人口问题的重要著作。陶孟和的社会学著作《社会与教育》1922 年由商务印书馆出

版。《社会与教育》是我国第一部明确以教育与社会之关系为
研究对象，并较为系统地研究教育社会学的著作，其出版标志
着社会学分支学科教育社会学的建立。孙本文的《社会学上之
文化论》1927 年 1 月由北平朴社出版，这是孙本文回国后写的
第一本书，此书介绍美国哥伦比亚大学社会学教授威廉·乌格
朋（William Ogburn）在《社会变迁》一书中的文化学说，特
别介绍了新兴的人文区位学、个案研究等新的理论知识，对中
国社会学在初期的发展和以后很长一段时间里的实证研究都产
生了较大影响。

四、进行社会调查，推动社会学实践研究

社会学本身是一门理论和实践极强的社会学科。中国的学
者们加强理论研究的同时，也利用各自的条件和优势，积极开
展社会调查研究。特别是在大学里任教的社会学教授们，带领
学生一边学习理论，一边开展社会调查，使社会学这门学科的
实用性更趋明显。1923 年，陈达组织学生对清华学校附近成府
村的 91 户家庭、安徽省休宁县湖边村的 56 户家庭的生活费用
进行调查；1924—1925 年，李景汉等对北京的 100 户人力车夫
家庭，200 辆人力车，44 所租赁厂，1000 名人力车夫进行调
查；1927 年，李景汉又组织学生对北京郊外 164 户农民家庭进
行调查；1926—1927 年，陶孟和采用记账法对北平（现北京）
的手工业工人和小学教员进行了家庭生活费用的调查。这些调

查将一般家庭生活状况、收支、家庭规模、婚姻、亲属关系等作为调查项目，了解农民、城市平民的生活情况。虽然有人认为这些调查是比较浅显的，"这些调查的最后报告基本上都是描述性的，并不对当时中国民众的非人生活明确表示不满与抗议，即使有建议，也是改良主义的，没有革命的要求"①，但是这些研究对弄清中国当时的社会状况及培养学生的实际操作能力还是具有一定意义的。

第二节　马克思主义传播与唯物史观社会学的发展

五四运动以后，马克思主义在中国广泛传播，大批具有革命者思想的学者和倾向革命的学者开始积极运用马克思主义的方法研究中国的社会问题，出现了早期的唯物史观社会学。在早期唯物史观社会学的研究中，李大钊和瞿秋白为主要代表。

一、李大钊对唯物史观社会学的传播和研究

李大钊是运用唯物史观研究社会学的先驱。李大钊曾受到赫伯特·斯宾塞（Herbert Spencer）庸俗进化论和俄国克鲁泡特金（Krupaotkin）无政府主义的影响，后来才逐渐转向马克

---

① 宋林飞. 社会调查研究方法［M］. 上海：上海人民出版社，1990：3.

思主义的唯物史观。在与胡适的"问题与主义"的争论中，李大钊明确提出必须一方面坚持宣传马克思主义，另一方面以马克思主义为指导去研究解决具体社会问题的主张。他将马克思主义与社会学理论有机地结合起来，用以认识中国社会问题，提出改造中国社会的方法。李大钊最早在中国提出了唯物史观法则与阶级竞争法则，这对社会学有重要贡献。

（一）阐明唯物史观是社会学的重要法则

1920 年李大钊撰写的《唯物史观在现代社会学上的价值》一文中指出，"唯物史观是社会学上的一种法则""社会学得到这样一个重要法则，使研究私学的人有所依据，俾得循此以考察复杂变动的社会现象，而易得比较真实的效果。这是唯物史观对于社会学工的绝大贡献"，在《动的生活与静的生活》《调和之法则》《东西文明根本之异点》《由经济上解释中国近代思想变动的原因》《论自杀》《社会问题与政治》等有关社会学的文章中，李大钊深刻阐明了其对中国社会及社会问题的认识，有其独到的学术见解。

（二）从社会发展角度科学阐明东西方文明的差异

李大钊认为文明的差异实质就是社会发展的不同体现，东西文明不同特质在于动与静的差异。造成差异的原因比较复杂，其中既有自然的条件差异也有经济生活的不同，使得东西方文明形成了动与静的差异。因此，要实现东西方文明真正合理的调和，就要遵守调和的法则，其方法就是借鉴东西方文明的优秀成果，创造出中国新的文明。李大钊之所以强调调和的观点，是因为在俄国十月革命的影响下，东西方文明都不足以挽救当前的世界危机，只有调和东西文明的第三种文明才能担此重任。他说："东洋文明既衰颓于静止之中，而西洋文明又疲命于物质之下，为救世界之危机，非有第三新文明之崛起，不足以渡此危崖。俄罗斯之文明，诚足以当媒介东西之任。"①李大钊还主张将马克思主义唯物史观与社会学的理论融合在一起，将历史唯物主义运用于中国的社会学研究。李大钊熟悉中国社会的实际，也研究了当时世界各个流派的社会学思想，如孔德、涂尔干、斯宾塞等，并将他们的理论用于中国社会实际研究，最终经过检验和甄别，确定了以唯物史观指导社会学的构建。

（三）对社会学研究对象进行唯物史观的解读

李大钊在总结分析前人对社会学的研究基础上，对社会学的研究对象发表了自己的认识。他指出："社会学是一种科学，研究社会上各种现象及其原则与一切社会制度的学问，且用科学方法，考究社会是何物，发明一种法则，以支配人间的行动。所以社会主义是社会学中应当研究的一部分，并非社会主义即社会学。"② 在明确社会学研究对象同时，李大钊认为唯物史观对社会学的贡献在于从经济结构和阶级竞争上去分析和

① 李大钊. 李大钊全集：第2卷 [M]. 北京：人民出版社，2013：311.
② 李大钊. 李大钊全集：第4卷 [M]. 北京：人民出版社，2013：245.

认识社会的发展。唯物史观认为人类的生活是社会的生活，经济生活是一切生活的根本条件，故个人的生存总在社会的构造组织内进行，要受经济的制约，而在社会内部限制社会各阶级和社会生活的各种表现背后的原因，归根结底是经济结构。经济结构是社会的基础，整个社会表面的变化都依照社会基础的变化而变化。社会学研究在得到唯物史观这一法则后"使研究斯学的人有所依据，俾得循此以考察复杂变动的社会现象，而易得比较真实的效果"[1]。关于阶级竞争法则，李大钊一方面强调经济基础的决定作用，另一方面也肯定了人的作用。李大钊指出："社会一语，包含着全体人民，并他们获得生活的利便，与他们的制度和理想。"[2] 李大钊高度赞扬唯物史观关于阶级竞争的根本原则，并联系劳工竞争的实质指出"然自马氏与昂格思合布《共产者宣言》，大声疾呼，檄告举世的劳工阶级，促他们联合起来，推倒资本主义，大家才知道社会主义的实现，离开人民本身，是万万做不到的，这是马克思主义一个绝大的功绩"[3]。

（四）从社会发展角度分析中国大家族制度的变迁

李大钊对中国大家族制度的变迁有着深入的研究，在文章《由经济上解释中国近代思想变动的原因》中，李大钊指出西

---

① 李大钊. 李大钊全集：第4卷［M］. 北京：人民出版社，2013：440.
② 李大钊. 李大钊全集：第3卷［M］. 北京：人民出版社，2013：278.
③ 李大钊. 李大钊全集：第3卷［M］. 北京：人民出版社，2006：32.

方列强入侵中国的同时，西方的经济也同样压迫东洋的农业经济，支配着中国人精神的孔门伦理的基础就从根本上动摇了。因此，社会上的种种解放运动实质就是打破大家族制度，打破专制社会及其统治思想的运动，中国的劳工运动实际上是破除孔子阶级主义的运动，也是无产阶级的运动。李大钊还运用唯物史观对社会和社会问题，如政治问题、工人问题、青年问题、婚姻家庭问题、自杀问题等进行了具体的分析，取得了开创性的成果。

二、瞿秋白对唯物史观社会学的传播和研究

瞿秋白是中国共产党早期的重要领导人，同样也是研究马克思主义社会学的先驱。瞿秋白在担任上海大学社会学系主任期间，编写符合中国现实和学生实际的社会学讲义，以培养学生；出版了社会学著作《社会科学概论》，厘清了社会学研究的基本范畴，发展历史以及社会构成的各部分的历史地位、发展规律和相互关系等问题，对中国社会学的发展有不可替代之作用。

（一）立足中国实际开展社会学的教学和研究

1923 年，瞿秋白到上海大学任教并担任社会学系的主任。在当时来讲社会学是一门时髦的学科，不少大学也都开有社会学课程，但是从学科发展角度来讲又不是非常充分，其中还有不少学生学习社会学的方式就是每天阅读几十页英文的社会学

书籍，他们的老师多半是外国人，所用教材全是原文本。瞿秋白深知如此研究社会学不过是适用于外国的社会学而已。为此，瞿秋白积极组织上海大学教授编写自己的社会学教材和讲义，并且非不得已不用不合乎中国社会的社会学教本。瞿秋白的做法使社会学研究真正立足于中国实际。瞿秋白自己给社会学系学生开设"现代社会学"和"社会哲学概论"两门课程。瞿秋白认为，学校应"切实开展社会科学的研究及形成新文艺的系统——这两件事便是当有的'上海大学'之职任，亦就是'上海大学'所以当有的理由"①。瞿秋白认为上海大学的办学目的就是培养学生认识社会和改造社会的能力，因此必须具有时代性和革命性才能够肩负起培育时代新人的责任。瞿秋白指出以前的社会学包括中国数年前的旧译本，因为"历史"（社会学之材料）本缺于原始社会的研究，所以往往偏于叙述的、描写的，其实只是社会学之预备时期而已。"社会学之系统，当定于其能抽象研究一切人类社会现象的公律之时；我们现在当然已可不偏于那叙述的社会学，亦并不遗忘它（社会进化史及社会学史）；然而必以一有系统的为基础，方能为真正的各方面之比较研究。研究之最后期，并当以此社会学的方法整理中国史料（所谓'乙部'的国故——直至于志书等），以期切

---

① 瞿秋白．瞿秋白文集（政治理论编）：第2卷［M］．北京：人民出版社，2013：125.

于实际。"① 瞿秋白强调中国社会学的研究要从中国的历史和实际出发，总结出社会发展的一般规律，才能真正认识和改造中国社会。

（二）科学揭示社会学研究的对象和方法

瞿秋白的著作《社会科学讲义》在批判西方社会的基础上对社会学的研究对象和方法进行了唯物史观的科学阐述。瞿秋白指出"从孔德以来，社会学跟着近世人类发展而起，他是现代社会（资本主义的）的产儿。人类共同生活的形式及内容已经非常复杂，于是就发生研究它的需要：社会之中问题，一天一天地难解决起来，所以不能单用头痛医头、脚痛医脚的方法，非有一纪律完整的科学从根本上研究不可"②。对于社会学的研究对象，瞿秋白指出社会学应该答复的问题包括社会的性质，"社会的发展或衰灭之根本原因在哪里""各种社会现象的关系如何"等。为此他对社会学做出如下定义："社会学乃是研究人类社会及其一切现象，并研究社会形式的变迁，各种社会现象相互间的关系，及其变迁之公律的科学。"③ 另外瞿秋白还对社会学与其他学科的关系问题进行了深入研究，指

---

① 瞿秋白. 瞿秋白文集（政治理论编）：第 2 卷 [M]. 北京：人民出版社，2013：128.
② 瞿秋白. 瞿秋白文集（政治理论编）：第 2 卷 [M]. 北京：人民出版社，2013：396.
③ 瞿秋白. 瞿秋白文集（政治理论编）：第 2 卷 [M]. 北京：人民出版社，2013：390.

出研究社会及社会学的根本方法——互辩的唯物主义（唯物辩证法）。

（三）阐明社会学最终是为社会的变革和发展服务的目标

瞿秋白对社会学的研究成果集中体现在其著作《社会科学概论》中。《社会科学概论》对社会学的重要问题进行了深入研究，从辩证唯物主义的立场积极回应了什么是社会，社会发展和衰灭的根本原因在哪里，各种社会现象的相互关系如何以及这些现象产生的根本原因是什么等根本性的问题。对社会和社会学的基本问题，瞿秋白指出"经济是社会的基础，此外有政治、法律、道德、宗教、风俗、艺术、哲学、科学。社会便是这种种社会现象及其联系之总和。研究这社会现象之总和——社会学"①。瞿秋白还从历史的角度深入分析社会的形成过程，系统论述社会、政治、经济、法律、道德、宗教和风俗等社会现象的本质及其相互之间的关系，论述了生产力与生产关系、经济基础与上层建筑之间的关系，为人们坚持以历史唯物主义和辩证唯物主义进行社会学研究奠定基础。他还指出社会革命乃是社会发展到一定阶段的必然产物，从根本上说，阶级斗争的核心是争夺国家权力的斗争，其目的在于取得政权以便改造旧的经济关系，因为经济发展到一定阶段必然受制于旧的经济关系，新兴的阶级非取得政权不可，否则不能推动经

---

① 瞿秋白. 瞿秋白文集（政治理论编）：第 2 卷［M］. 北京：人民出版社，2013：536.

济往下发展。革命斗争实质就是经济制度的斗争，最后必然集中到政权斗争。因此，无产阶级实现社会制度的变革，必须首先打破原有国家机器的桎梏，推翻资产阶级政权的统治，而企图通过点滴的改良是行不通的。

三、李达对社会学的研究和贡献

李达是中国共产党早期的领导人之一，是有着深厚学术功底的马克思主义大家。李达对社会学有着深入的研究和独到的见解。他在 1926 年出版的专著《现代社会学》，是我国最早运用马克思主义观点系统研究社会学的著作之一。在《现代社会学》中，李达梳理了社会学的产生及其流派，阐明了社会学在社会科学中的地位，批判了维护资本主义的契约社会说、生物社会说与心理社会说等资产阶级社会学学说，也批判了社会改良主义和"社会主义"的各种流派及无政府主义。他以历史唯物主义为指导，阐明了社会本质、社会结构、社会问题及社会的进化与变革，并指明社会运动的方向是社会主义，最终实现共产主义。

在《现代社会学》一书中，李达重点强调了社会学的研究使命。他说："社会学之使命，惟在于发见社会组织之核心，探求社会进化之方向，明示社会改造之方针而已。"① 他指出

---

① 李达. 现代社会学 [M]. 武汉：武汉大学出版社，2007：8.

58

科学有所谓说明学与轨范学的分别，但是社会学则两者兼有。"社会学实以说明学而兼轨范学者也。社会学之说明学的任务，即在于应用一根本原理，说明过去及现在社会之组织与变化，发见其因果关系。社会学之轨范学的任务，即在于推知社会进行之方向，指示吾人信仰之所在，以定改造现社会达到理想社会之方针，虽谓社会学为指示理想社会之科学亦无不可也。"① "故吾人苟欲谋人类之幸福，斯不能不谋铲除此种社会之缺陷，欲谋铲除此种社会之缺陷，斯不能不研究社会之根底，发见支配社会之理法，究知社会之目的，明示改造之方针，此社会学之使命也。"② 李达的社会学思想，在20世纪20年代将社会学作为社会改良武器的思潮中，意图突出社会学社会革命的特点，尤其强调社会学作为"谋人类之幸福""铲除此种社会之缺陷"的"轨范学"之任务。

李达给社会学下的定义是，"社会学者，研究社会历程及其理法，并推知其进行之方向，明示改造方针之科学也"③。他认为社会学应对社会之本质、社会之构造、社会之起源、社会之发达、家族氏族及国家、社会意识、社会之变革、社会之进化、社会阶级、社会问题、社会思想、社会运动、帝国主义、世界革命、未来社会等问题展开深入研究。围绕这些问题

---

① 李达. 现代社会学 [M]. 武汉：武汉大学出版社，2007：8.
② 李达. 现代社会学 [M]. 武汉：武汉大学出版社，2007：8.
③ 杨雅彬. 中国社会学史 [M]. 济南：山东人民出版社，1987：162.

的分析和研究，构成了《现代社会学》一书的基本结构和研究体系，实际上也明确了社会学的研究对象和范式。

第三节　马克思主义传播与中国社会学研究的成熟

社会学作为一门实用性极强的科学，与中国社会的变化发展密切联系。大革命失败以后的中国在国民政府统治下，民族工商业饱受摧残，农村经济全面崩溃，而面对日本的侵略及各帝国主义的殖民掠夺，蒋介石更是妥协退让，让人民群众感到失望和迷茫。五四运动以来，思想界完全失去了原有传统的平衡，处于震荡不定的状态，在这国家民族危亡之际，"中国向何处去"成为时代的问题。因此，重新认识中国社会性质和中国社会革命，寻找中国社会的发展道路并制订合适的发展方案，成为大革命后的重要任务。要制订符合中国发展的道路的方案，首先得认清中国的社会性质，而当时社会学研究者们在对中国社会性质的认识上产生了分歧，由此引发了思想上的争论。20 世纪 20 年代末至 30 年代初，中国学术界围绕中国社会性质问题兴起了关于中国社会性质问题论战、中国社会史的论战、中国农村社会性质的论战，各个学科领域的学者纷纷著书撰文参与论战，推动了马克思主义理论与社会科学的结合。在论战中，社会学研究者们积极参与到论战中，用社会学的理论方法分析中国社会的基本问题，从学理上阐明中国社会发展的方向。

一、思想战线上的论战对社会学发展的影响

（一）中国社会性质问题的论战

关于中国社会性质问题的论战，最开始是在党内进行，随后扩展到社会层面。以陶希圣为代表的新生命派（因《新生命》杂志而得名），以汪精卫为代表的国民党改组派，以胡适为代表的资产阶级改良派，纷纷撰文发表自己的观点或主张，企图歪曲中国社会性质之认识，从而否定中国共产党领导的革命斗争。他们有的提出"中国封建制度崩坏论"，把秦汉至清朝称为"商业资本主义社会"，而鸦片战争后中国社会的性质"是帝国主义压迫之下的商业资本主义社会"；有的否认中国有封建阶级和封建制度；有的认为中国的问题全在于"五鬼（贫穷、疾病、愚昧、贪污和扰乱）闹中华"。社会学研究者们通过科学严密的社会调查，在掌握大量事实数据的基础上批判了以上的错误观点，提出中国社会是半殖民地性质与半封建性质的社会。他们指出，"帝国主义是与农村封建地主、商业资本，互相勾结，使农民在旧的生产方法与生产关系下，接受更残酷的榨取和剥削，仍保留着封建的社会关系。因此，中国社会既非全部的资本主义经济，也非全部的封建经济，乃是'混合着封建经济和资本主义经济的过渡形式'即半殖民地半封建经

济"。半殖民地，是指没有自主的政治权力，也没有自主的经济政策。半封建社会，强调中国经济不再是一种完全的自然经济，但也没有发展到资本主义经济阶段，虽然商品经济已普遍流行全国，城市新兴的工业也不少，但民族工业不发达，特别是农民仍停留在半封建的自然状态中。前后参加中国社会性质问题论战的有百余人，他们在 50 多种刊物上发表了 2000 多篇重要论文，出版了 30 多本专著。关于中国社会性质问题的认识，引起党内和思想文化界的关注和讨论，代表不同意见的各个派别纷纷发文著述，阐述自己的观点并与其他派别展开论战和交锋，由此形成了关于中国社会性质问题论战的热潮。这场论战对哲学社会科学产生了重要影响。它使国人对中国近代社会的历史和基本国情的认识提高到了一个崭新的阶段。在论战中，哲学社会科学工作者对中国社会的基本情况都达成了共识，即近代中国传统的封建生产关系虽然处于瓦解过程中，但是在社会生活中仍然占据着主要地位，中国社会变成了半封建社会；帝国主义对中国的侵略破坏了中国主权的独立性，但是中国名义上还拥有独立主权，不是完全的殖民地社会，但是中国实际情形是"在帝国主义侵略下的半殖民地的封建经济"。因此，中国的社会是"半殖民地"的社会。在关于中国社会性质问题论战中所确立的"半殖民地半封建社会"概念成为研究中国近代政治、经济、社会、社会历史和基本国情最为重要的概念范畴。

（二）中国农村社会性质问题的论战

关于中国农村社会性质的论战，学界将其作为中国社会性质问题论战的补充和深入。论战发生在1934年，因为1934年前后中国农村备受帝国主义经济侵略，中国农村经济被摧毁，加上连年水旱灾害，农村资金缺乏，而城市资金却找不到出路，复兴农村、救济农村的口号声浪甚高。参加论战主要有两个阵营，一个是在中国社会性质问题论战中坚持托派理论的王宜昌以及他的支持者张志澄、王毓铨、王景波等，他们的文章主要发表在《中国经济（南京）》，因此被称为"中国经济派"；另一个则是"中国农村经济研究会"的成员钱俊瑞、陶直夫、薛暮桥、孙冶方，他们的文章均发表在《中国农村》月刊上，被称为"中国农村派"。论战第一个问题是先解决生产技术问题，还是先解决生产关系的问题。第二个问题是如何认清中国农村社会性质问题，这也是最终讨论的问题。"中国经济"派认为，中国农村已经完全资本主义化了，当时农业问题就是资本主义问题，而不是土地问题，中国农村经济发展首先要研究如何发展生产力，即技术问题，他们持"技术"高于一切的片面论点。"中国农村经济研究会"学者持反对态度，认为中国的农村社会虽然是在国际资本支配之下，但这种支配是中国买办资本和封建残余势力结合实现的，而且这种半封建性质很少有可能转为资本主义，"中国农村经济研究会"的学者还认为生产力绝不限于技术，还有劳动对象和劳动力等要素，只有生产力诸要素结合后，才能有实在的生产力。但这个结合受具体的历史及现实条件所制约，当生产关系严重阻碍生产力发展的时候，不先解决生产关系，生产力就失去其社会发展基础动力的作用。当然生产关系变革的重要性并不违背生产关系适应生产力发展的这一基本原则。经过半年多的论战，"中国农村经济研究会"的主要观点获得广泛认同，客观上捍卫中国共产党"六大"决议，深刻阐释继续进行土地革命的重要意义。

20 世纪 30 年代进行的关于中国社会性质问题论战、中国农村社会性质论战，加深中国学者对于中国社会性质的认识，特别是"半殖民地半封建社会"概念、论断的形成，对中国近现代哲学社会科学研究的问题视域、研究对象和社会现实做出了精准的判断，对社会科学的发展产生了深远的影响。

二、20 世纪 30 年代后社会学的实证走向和体系构建

20 世纪 30 年代以后，社会学在中国发展呈现两种趋向，一是在原有研究基础上注重把中国社会作为调查研究对象，积极向实证方向发展，深入开展了一系列关于中国社会的调查研究，其中陈翰笙、毛泽东的社会调查作为典型；二是在马克思主义指导下，充分吸收 20 世纪二三十年代的论战成果，开展社会学体系的建构工作，开辟了社会学研究的众多领域，形成农村社会学、犯罪社会学和社会学史等分支学科，丰富和发展

了社会学。

（一）基于中国国情调查的实证趋向明显

1. 陈翰笙的社会调查实践和贡献

陈翰笙[1]作为中国著名的马克思主义学者，在国民政府创办的社会科学研究所担任领导工作时，领导开展了一系列关于中国农村的大规模社会调查，对中国社会学发展有重要意义。陈翰笙主持的农村社会调查，形成的主要著作有《亩的差异》《黑龙江流域的农民与地主》《当代中国的土地问题》《关东农村生产关系与生产力》《帝国主义工业资本与中国农民》。陈翰笙坚持以马克思主义立场、观点、方法并主张运用调查结果来分析研究中国社会问题，这些都是着重于农村生产关系的调查。这里需要指出的是，陈翰笙通过各地的农村调查来研究农村的生产关系，是围绕土地所有权和使用权这一核心问题展开的，其目的是通过分析农村最重要的生产资料——土地，揭示中国农村社会的阶级结构及其反映的社会关系。陈翰笙的社会调查有以下特点。

（1）注重调查研究，掌握一手资料

陈翰笙的社会调查坚持实事求是，注重调查实证，强调以第一手农村调查的资料结果来分析研究中国社会问题，特别是

---

① 陈翰笙（1897—2004），江苏无锡人，中国著名马克思主义学者，农村经济学家、社会学家、历史学家、社会活动家，中国社会科学院世界历史研究所名誉所长。20 世纪 30 年代中国农村经济研究会的创始人。

中国农村生产关系问题，指明中国农业发展的道路。他指出，
"一切生产关系的总和，造成社会的基础结构，这是真正社会
学的研究的出发点；而在中国，大部分的生产关系是属于农村
的"①。陈翰笙利用其在国民政府社会科学研究所担任副所长
的职务便利，对中国农村进行了几次大规模的农村调查。
1928—1937 年，陈翰笙对江南、河北岭南进行大规模调查，包
括 1929 年围绕土地制度对无锡进行的历时 3 个月的社会调查，
涉及 22 个村庄 1204 户人家、55 个村庄的概况以及 8 个农村城
镇的工商业情况。1930 年对保定 127 个村庄（主要是为英美烟
草公司生产烟草的农村村庄）进行了历时 2 年的调查。1933 年
对广东 16 个县的农村情况、番禺 10 个代表村的 1209 户农家进
行了详细调查，以及对 50 个县 335 个村进行通信调查。在长
期的社会调查中，形成了一系列社会学著作。这些著作通过翔
实的调查资料，揭示了农村社会的阶级结构及其反映的社会关
系。陈翰笙通过对中国农村经济社会的详细调查研究，从中国
农村的经济关系、阶级关系的变化阐明了中国社会的变化，为
中国社会变化发展提供了科学的分析材料，促进了中国现代社
会学的发展。

（2）用马克思主义理论指导社会学研究

陈翰笙坚持以马克思主义的观点、立场和科学方法来研究

---

① 陈翰笙. 陈翰笙文集 [M]. 上海：复旦大学出版社，1985：43.

中国的农村社会问题，一定程度上超越了西方传统社会学的研究局限，确立了马克思主义在社会学领域的研究地位，使中国社会学真正成为一门科学。陈翰笙在调查研究中，从生产力与生产关系的辩证关系出发，坚持运用阶级分析方法，对生产关系进行研究，揭示中国存在封建剥削关系，为中国社会变革提供根本性的证据。陈翰笙还对那些仅仅调查农村生产力而不注重生产关系的做法提出了批评，他指出，"它们都自封于现象的一种表列，不会企图去了解社会结构的本身。大多数的调查侧重于生产力而忽视了生产关系。它们无非表现调查人的观察之肤浅和方法之误用罢了"①。陈翰笙注重农村生产关系的研究，揭示中国农村社会性质的阶级矛盾和阶级剥削，为农村社会变革指明了道路。如在《广东农村生产关系与生产力》调查报告中，陈翰笙从农村生产关系寻找农业生产力不发展、农民缺乏根底的原因，认为只有解决生产力与生产关系的矛盾，才能挽救中国农村。

在研究方法上，陈翰笙运用马克思主义的科学分析方法对农村的农户进行分析（地主、富农、中农、贫农、佃农），超越了资产阶级形而上学的分类方法（自耕农、半自耕农、佃农、雇农，或小农户、较大农家、大农家、较大的大农家）局限，直接指向的中国农村变化的主要矛盾在于地主与农民的对

---

① 陈翰笙. 陈翰笙文集 [M]. 上海：复旦大学出版社，1985：44.

立，即地主对农民的残酷剥削，证明土地革命是中国农村的唯一出路。在实证的方法上，陈翰笙坚持按照科学方法进行调查研究，将分户挨家调查与分村调查有机结合起来。按照调查前事先设计，做好问卷表格，调查过程中实地调查，详细记录，调查后分析、总结经验的步骤有序开展。陈翰笙在几次大规模的农村调查中取得了重要成果。

陈翰笙坚持用马克思主义的观点、立场和方法研究中国农村社会问题，他的农村经济社会调查深刻揭示中国社会的经济结构和阶级结构，指出中国农村最根本的问题就是土地所有制问题，揭示中国半殖民地半封建社会的本质。明确中国革命就是帝国主义、封建主义和官僚资本主义。只有推翻这三座大山，才能变革农村土地所有制关系，才能实现农民翻身解放和农村经济的发展。陈翰笙从生产关系角度研究社会学，借以揭示阶级矛盾和社会本质，并与社会实际调查研究结合起来，因而，陈翰笙的调查和论著对中国社会学的调查研究方法的改进也做出了重要贡献。

2. 毛泽东的社会调查思想及贡献

毛泽东关于农村社会调查的理论和实践，对于社会学的发展有着重大意义。以毛泽东为代表的中国共产党在领导中国革命的同时，也积极开展各种形式的社会调查，从学理上阐明社会调查的具体方法以及社会调查在中国社会研究中的重要地位。毛泽东写成的《湖南农民运动考察报告》《寻乌调查》

《兴国调查》等文献为社会学研究提供了经典的范本。毛泽东的《反对本本主义》对社会调查的地位给予充分肯定，反映了毛泽东对"社会调查"问题的学理性探索，而《矛盾论》和《实践论》等著作，是在总结中国共产党人革命斗争实践经验的基础上，对社会运行和社会实践等社会学问题做了哲学的回答，反映了毛泽东对变革中国社会的深刻思考。毛泽东对社会学的贡献主要有以下方面。

（1）对社会调查的价值予以充分的肯定

在《反对本本主义》一文中，毛泽东从指导中国社会革命的高度来说明社会调查意义，并将从事社会调查作为共产党人的标志。在《反对本本主义》中，毛泽东对于调查研究提出了几个基本观点。首先，没有调查，就没有发言权。毛泽东认为社会调查应当是共产党人指导中国革命的前提条件，那种不作调查而"瞎说一顿"的作风不符合共产党人的基本要求。"没有调查，就没有发言权"强调共产党人的"发言"必须以"调查"特别是"正确的调查"为基础和前提条件，倡导实事求是的良好学风，积极地从事社会实际研究、具体地探索中国国情、掌握中国革命规律的社会调查，反对不研究实际、不作调查研究的"瞎说一顿"的主观主义作风。其次，调查就是解决问题。在一般的思维中，"调查"是掌握情况、了解实际、积累材料的过程，还没有进入"研究"阶段，因而也就不把调查直接与解决问题联系起来。毛泽东则认为，不能将"调查"

与问题的解决脱离开来，要将调查的功用直接落实到解决问题上。问题之所以不能解决，就是因为对问题的现状和历史的不了解，也就是没有进行真正的调查。因而，需要将调查与解决问题联系起来，研究"调查"的作用也就要落实在解决问题上。毛泽东用形象的语言来说明"调查"与"解决问题"的逻辑关联，指出调查就像"十月怀胎"，解决问题就像"一朝分娩"。毛泽东是从联系的角度将"调查"与"解决问题"有机联系起来的，确认"调查"在"解决问题"中的决定性位置。最后，调查有助于了解社会的政治经济状况。毛泽东从中国社会变革的高度来提升"调查"的意义内涵，从中国共产党人政治实践的目标来剖析"调查研究"的价值，强调对社会的政治经济状况研究与把握。毛泽东指出进行调查研究的目的在于把握社会阶级状况和社会经济状况。他还举例说明，调查农民成分时，不仅要了解自耕农、半自耕农、佃农等基于土地租佃关系区别的各种农民类型的数目，还要根据经济情况知道富农、中农、贫农，这些以阶级区别的不同阶层的各种农民的数目；调查商人成分，要调查小商人、中等商人、大商人等不同规模的商业主体各有多少。进行社会政治经济状况的调查不仅要调查各业的总体情况，更要深入了解各业内部的阶级情况；不仅要调查分析各业之间的相互关系，更要关注各阶级之间的相互关系。调查工作的核心任务是剖析社会中的各种阶级，最终目标是准确了解社会中各种阶级的相互关系，得到正确的阶

级评估和分析。通过调查研究了解"各阶级现在的以及历史的
盛衰荣辱情况",从而为制定正确的革命路线提供有效的参考。
毛泽东对调查研究价值的论述,揭示了社会调查在研究社会、
变革社会中具有的极端重要的意义。

（2）强调调查技术的重要意义

在《反对本本主义》一文中,毛泽东专门就"调查的技
术"问题做了论述,认为"开调查会作讨论式的调查"是社
会调查的主要方法。他指出:"只有这样才能近于正确,才能
抽出结论。"毛泽东所说的"开调查会作讨论式的调查",其
中"调查会"是指调查的形式,"讨论"则是调查的具体方
法,因而是"讨论式的调查"。这种"讨论式的调查",一方
面是在广泛听取意见,搜集到比较充分的材料;另一方面是
"提出中心问题在会议上经过辩论",主要形式是"辩论",这
也是广泛听取意见的过程,同时也是集思广益的过程,其目的
在于获得"近于正确的结论"。毛泽东还就通过开调查会进行
"讨论式的调查"时应注意的"调查的技术",提出了具体的
意见,其中就包括参加调查的人"能深切明了社会经济情况的
人";调查的规模要依据"调查人的指挥能力"来定;调查之
前必须先确定"调查纲目";调查人必须要有个案调查经验
等。① 毛泽东对于调查研究的重视和分析,是辩证唯物主义认

———

① 中共中央文献研究室,中央档案馆. 建党以来重要文献选编（1921—1949）:
第 7 册 [M]. 北京:中央文献出版社,2011:241-243.

识论在实际工作中的具体运用和生动体现，是应用马克思主义从事社会调查，同主观主义特别是教条主义作斗争的历史经验的科学总结，对社会学的发展有着重要意义。

（二）以马克思主义为指导，开展中国社会学体系建构工作

20世纪30年代以后，中国社会学的另一个重要的发展趋向，就是在马克思主义指导下，在吸收西方社会学基础以及20世纪30年代中国社会性质问题系列论战的基础上，开展中国马克思主义社会学体系的建构工作，开创农村社会学、犯罪社会学、社会学史等分支学科。其中代表人物有冯和法①、严景耀②、李剑华③、许德珩、柯柏年、沈志远等。

---

① 冯和法（1910—1997），民国时期具有学术代表地位的农村社会学家。代表著作有《农村社会学大纲》《中国农村经济资料》《中国瓷业之现状及其状况》等。其中《中国农村经济资料》被认为是1949年前的十本社会科学著作之一。新中国成立后任第四、五、六、七届全国政协委员（中华全国工商业联合会）。

② 严景耀（1905—1976），男，浙江余姚人，中国著名社会学家、犯罪学家、社会活动家。主要论著有《北京犯罪之社会分析》《中国监狱问题》《犯罪书目》《北平监狱教诲与教育》《中国的犯罪问题与社会变迁的关系》《原始社会中的犯罪与刑罚》《新中国怎样改造了犯人》等。

③ 李剑华（1900—1993），中国社会学家、法学家。1921年赴日本留学，在东京日本大学进修社会学，1925年毕业归国。历任上海学艺大学、上海法科大学、上海法学院、复旦大学等院校的社会学教授，讲授社会学概论、犯罪社会学、劳动法等课程。李剑华是较早运用马克思主义观点研究社会学、法学以及社会问题的学者。他运用阶级斗争理论剖析犯罪问题、劳动问题、社会问题，对社会学史研究做出了卓越贡献。著有《劳动问题与劳动法》《犯罪学》《社会学史纲》《社会事业》《劳工法论》《监狱学》《犯罪社会学》等。

1. 冯和法在农村社会学方面的开拓

在中国社会学的发展过程中，冯和法对中国农村社会学研究有开拓之功。他撰写的《农村社会学大纲》以中国农村社会为研究对象，在社会学领域开创了一个新的学科——农村社会学。冯和法因此成为中国农村社会学的开创者之一，他的综述性论著《农村社会学大纲》，以及资料性文献《中国农村经济资料》及续编，为后来中国现代农村社会建设、改造乃至革命的各种思想或实践运动奠定了厚实的基础。冯和法有关中国农村社会经济的基本结构的论述，既影响了吴景超、吴文藻、费孝通等社区研究学派主要代表人物的学术观点，也影响了中国共产党有关农村革命和土地革命的政治实践。

冯和法的《农村社会学大纲》副标题为"中国农村社会研究"，该书最早于 1929 年由上海黎明书局出版，后作者又对该书进行了修改。1934 年，上海黎明书局根据修改稿，将该书第四次印刷。《农村社会学大纲》虽然借鉴了美国乡村社会的研究经验，但该书的重点是研究中国农村社会，而且取用的材料偏重于中国，说明的是中国农村的社会情况，因而具有中国特色，是社会学中国化的一个重大努力。《农村社会学大纲》一书影响很大，当时有不少大学选用其作为学生教材。《农村社会学大纲》分为三大部分。第一部分（第一章至第三章），对农村社会学进行概述，阐述农村社会的性质及基本概况，说明农村与都市的差异所在。第二部分（第四章至第七章），以中国农村社会现象为研究对象，运用唯物史观和社会学理论对中国农村的人口构成，对年龄、性别、家庭、生活等方面详加论述，着重研究中国农村人口过剩问题，继而对中国农村的土地关系、农业经济状况、农业生产中的雇佣劳动、农村金融、农产品贸易等方面予以详细的研究和说明，勾勒出了中国农村社会的基本情形。第三部分（第八章至第十二章），着重论述中国农村的剥削关系，分析了中国农村令人恐慌的社会现实及农村出现的各种破产现象，对农村土地政策、农村教育等问题进行了探讨，揭示了帝国主义、封建主义对中国农村社会的严重影响，梳理了中国农村变迁的轨迹。《农村社会学大纲》是研究中国农村社会的一部专著，在当时中国马克思主义社会学著作中有显著的地位，具有很高的学术价值。在《农村社会学大纲》中，冯和法对社会学以及中国农村社会学的一些基本研究内容做了详细论述。

（1）提出农村社会学的学科性质和研究内容

冯和法在 1935 年第四版《农村社会学大纲》的自序中说："随着中国农村问题的日趋严重，对于农村社会研究的一般水准也随之提高，必然的结果，会使过去陈旧的这方面的论述，渐趋淘汰。"①《农村社会学大纲》一扫过去有关中国农村社会研究的枝蔓讨论，开篇便从农村社会学的性质及中国农村社会

---

① 冯和法. 农村社会学大纲 ［M］. 上海：黎明书局，1934：自序.

研究的基本要务出发，提纲挈领地阐述了一般农村社会学及农村社会的性质、概况、城乡差异等基本问题。他指出："农村社会学更是一种新兴的科学，在普通社会学发展进程中所产生的一个分支。"① 对农村社会学的性质，冯和法认为"农村社会学是普通社会学的分工深究"②。所以，对农村社会学的定义，冯和法认为是"研究人类在农业生产关系下的一般现象的便是农村社会学"③。对农村社会学的研究任务和目的，冯和法认为"是在检讨在某种农业生产关系下的一切农村社会现象"④。首先，冯和法认为农村社会学是普通社会学的分支学科，是运用普通社会学的基本方法来专门研究农村社会现象，目的在于深化对农村社会现象的认识。因此，农村社会学是以农村社会现象为研究对象的一门科学。其次，冯和法认为农村社会学作为社会学的一个分支学科，是在遵循社会学研究方法的基础上，运用社会学的基本概念和理论，从总的社会现象中来揭示农村社会现象的构成、变动及趋势。冯和法认为农村社会学的兴起，是社会学领域发展过程中一个自然的趋势。农村社会学和教育社会学、家庭社会学、犯罪社会学、伦理社会学、阶级社会学等一样，都是社会学的一个分支，也就是社会学的一个补助，它们共同构成社会学的完整体系。农村社会学

---

① 冯和法. 农村社会学大纲 [M]. 上海：黎明书局，1934：7-8.
② 冯和法. 农村社会学大纲 [M]. 上海：黎明书局，1934：15.
③ 冯和法. 农村社会学大纲 [M]. 上海：黎明书局，1934：15.
④ 冯和法. 农村社会学大纲 [M]. 上海：黎明书局，1934：15.

的成立，并不是说把农村社会作单独的或隔绝的研究，而是出于专门深入研究的目的，把农村社会作为专门研究的领域，研究的方法仍是应用普通社会学的基本方法和概念，不但注意各种农村社会现象在动的方面彼此间的关联及互倚，更注意到农村社会现象与都市社会现象的关联及互倚。最后，冯和法认为农村社会学史"从总的社会现象中，去研究农村社会现象的构成、变动及趋势"①。冯和法的农村社会学一方面强调从农村的各种社会现象间的关系进行研究，另一方面从整个社会的生产关系来研究和分析各社会因子间的关联与因果，从而使农村社会学的研究置于整个社会关系研究之中，这体现了马克思主义联系辩证的研究方法。

（2）指明农村社会学研究的具体对象

冯和法在第二部分强调以中国农村社会现象为主线，阐述中国农村人口的构成与现象、农业经营、土地关系及雇佣劳动、农村金融、农产物贸易等农村社会研究的几个基本领域，特别突出中国传统农村社会在遭遇中国现代化转变过程中所出现的各种疑难问题。冯和法要求人们重视农民问题，研究中国农村社会所面临的严重问题。冯和法认为农民在各方面都是中国的主体。自国际资本主义侵入中国农村，加以地主、军阀、贪官污吏等剥削压迫，农民的生活日就穷蹙，渐趋于灭亡之

---

① 冯和法．农村社会学大纲［M］．上海：黎明书局，1934：8．

路。因此，中国农村经济的崩溃，是很明显的事实。换言之，中国人口的基础在于农民，农民的命运是否颠沛，可以决定中国民族的盛衰。因此，"农民怎样可以解脱重重桎梏，间接巩固中国民族的基础，这是我们所当注意的一个重大问题"①。中国农村社会不仅表现出多种现象，而且各种现象间又有着复杂的关联，但中国农村社会现象的根本问题何在？冯和法在《农村社会学大纲》中对此做了明确的回答。在他看来，中国农村社会现象的严重性已经到了极点，其根本的原因是帝国主义的侵略和封建主义的统治。因此，分析中国农村社会，就应该在剖析中国农村阶级关系基础上，进而分析帝国主义侵略和封建主义统治对中国农村社会造成的恶劣影响。

（3）对中国农村社会发展出路进行了探讨

在《农村社会学大纲》第三部分中，冯和法从农村的生产关系及其社会关系的视角出发，试图摸索出农村社会之上述特质的背后所隐藏着的基本逻辑，为改造中国农村提供具体的思路。冯和法从中国农村的剥削关系入手，指出中国的农业恐慌及农村破产的现象皆源于中国社会生产关系中的阶级性质，冯和法认为数千年来，中国农村社会在土地私有制的基础上，保持着原来的组织，其间虽曾有过多次的变动，但在原则上，主要的仍逗留在比较自足的农村经济的时代。其根本的特性是土

---

① 冯和法. 农村社会学大纲 [M]. 上海：黎明书局，1934：23.

地可以自由买卖，因而土地关系变动很大。土地所有权逐渐集中于官僚、商人、地主等之手。农民土地减少，成为小农，或完全丧失土地，不得不租种地主之田。土地耕种的形态，逐渐细分起来。在封建土地私有制关系下，"小农经营与租佃制度的普遍，遂成为中国经济的二大主要特征。多数农民的穷乏，促成了高利贷资本发展的机会。高利贷资本更使农民的土地细分及农民的一般贫乏"①。因此，若改进此种社会关系，必从土地政策出发，进行土地革命，废除土地私有制，实行"平均地权""耕者有其田"的基本国策，并制定相应的《土地法》，才能从根本上解决中国农村问题。冯和法最后指出，解决中国农村问题必须开展反对帝国主义、封建主义的民主革命，解决农民的土地问题，这一结论为中国共产党领导土地革命提供了学理的论证，在当时具有重大现实意义。

冯和法的《农村社会学大纲》是 20 世纪 30 年代农村社会性质问题论战基础上形成的学术成果。该书以马克思主义唯物史观为指导来剖析中国农村的生产关系，征引了大量的中国农村的材料，从理论和事实相结合的角度说明中国农村问题的根本所在，提出解决中国农村问题的根本方法，开创以马克思主义观点、立场和方法研究中国农村社会学的先河。这是中国马克思主义社会学发展进程中的一部里程碑式的著作。冯和法对

_____

① 冯和法. 农村社会学大纲 [M]. 上海：黎明书局，1934：472.

中国农村问题的研究和结论分析，可以说已将毛泽东有关"三座大山"的革命叙述以学理的方式进行了铺垫，创立了社会学的马克思主义学派的理论基础。

2. 严景耀在犯罪社会学方面的贡献

严景耀是中国犯罪社会学研究的开创者，他在 20 世纪 30 年代写成的博士论文《中国的犯罪问题与社会变迁的关系》，是运用马克思主义观点写成的重要社会学的著作。严景耀从社会和文化的角度来研究犯罪问题，在当时的社会学研究中也是独树一帜的，是中国运用马克思主义研究犯罪问题的先驱。严景耀从社会学的角度来分析研究犯罪，使犯罪问题获得了新的认识。

（1）对犯罪问题进行了社会学的分析

在严景耀看来，犯罪问题不仅是法律问题，同时也是社会问题，影响着社会的运行，因此需要将犯罪问题纳入社会学的研究范畴。严景耀从社会的角度对犯罪做了新的定义："犯罪是一个团体的人群信以为对社会的危害行为，而且该团体有能力去实行所信的而制裁之。这个定义包含两个要点：一、对于一种行为以为对于社会有害的；二、一个团体有权以惩罚的方法去实现其所信的。因为人群觉得某种举动有害于社会，于是制定了法律而制裁之。所以制法治的人，是应人群的需要，保障人群的安全而发生的。并不是为了少数人的利益和安全。"①
严景耀对犯罪的定义从法律上的定义上升到对社会治理的研究。严景耀还指出"犯罪学根本就是对社会统治的研究""犯罪是社会疾病，是社会进步的大阻碍，它与社会幸福不是两对立的""我们现在注意社会幸福，力求改进社会生活，故亟欲解决犯罪问题"②。严景耀还强调了研究犯罪问题对社会的进步意义。

（2）明确犯罪社会学的研究方法

在对犯罪学的研究方法上，严景耀主张综合各种科学的方法，推进犯罪学研究向科学化方向发展。他认为犯罪学并非一种学科，而是各种学科相结合而成的，必须运用各种方法才能使犯罪问题得到全面的研究。他指出动物学、人类学、历史学、社会学对于犯罪之描写、起源及演化的贡献，气象学、人口学、经济学、政治学对犯罪的环境的成因，法学、生理学、心理学对犯人的处置等。严景耀根据自己的研究，对犯罪学的研究提出了一些建议，一是加强个案调查，强调个案研究应该更为深入细致，数量应该更多，这样案件详细的和多种的过程就可以反映出他所处的社会环境。二是更多运用统计材料，因为统计材料可以更多地说明犯罪的趋势和地区分布。三是调查力求全面。严景耀认为应该对整个社区开展调查以便说明为什

① 严景耀. 严景耀论文集 [M]. 北京：开明出版社，1995：1-2.
② 严景耀. 严景耀论文集 [M]. 北京：开明出版社，1995：127.

么在同样条件下有些人犯罪，有些人不犯罪而做了别的事。犯罪者与非犯罪者的比较研究可以提出其他问题，更有助于对犯罪问题的了解。严景耀还强调加强城市犯罪问题的研究，并通过不同城市的犯罪问题的比较可以加强对中国犯罪发展史的了解。

（3）对犯罪问题进行深入的社会调查

为了深入研究犯罪问题，严景耀在 1928 年至 1930 年间通过广泛的社会调查，积累了大量关于中国犯罪问题的一手资料，其中对于犯罪的范围、犯罪的类型、犯罪与年龄的关系、犯罪的地区分布等进行了详细的分类研究，并对犯罪与社会文化的关系问题，社会救济和预防犯罪问题都进行了深入的研究。因此，严景耀关于犯罪社会学的研究，建立了中国犯罪社会学的研究范式，为中国社会学的发展做出了重要贡献，他的许多重要观点至今对研究中国犯罪问题仍具有重要的借鉴意义。

3. 李剑华对社会学史研究的贡献

在中国社会学的发展过程中，李剑华做出了重要的学术贡献，他的《社会学史纲》在中国马克思主义学术史上有着重要的学术地位。1928 年，李剑华在上海复旦大学任教时主讲社会学。当时中国社会中许多人对社会学存有众多的认识误解，李剑华将其在复旦大学的上课讲义编写成《社会学史纲》（1930年由世界书局出版），以期普及社会学知识，推动社会学的大众化，正如其在该书的自序中说，"到现在，社会学还处在被误解的时代。'社会科学''社会主义''社会运动''社会思想''社会政策''社会事业'等类的名词，一般人常常和社会学分辨不清，于是社会学便成了不明不白的东西了"①。李剑华认为有必要出版相关的普及性书籍以解群众之疑惑。《社会学史纲》共有五章，对于社会学的由来、社会学史的意义及问题、社会学史上的两大思潮、社会学在世界中的发展（主要是在法、德、意、美、日、中等国的发展）做了比较全面的概述，是当时研究社会学史的一部重要专著。

（1）阐明社会学史研究的重要性

李剑华认为研究社会学史是极端重要的，他认为研究一门科学不可只抓住一两个新的学说便自满得意，而应抓住一种科学的变迁和发达的过程，只有了解学科发展的来龙去脉才能对过去有所反省，才能有所创新。李剑华指出："对于社会学的过去，也有反省的必要。我们要有过去的反省，然后可以知道社会学的原原本本，然后可以在'山重水复疑无路'的社会学中，发现'柳暗花明'之'又一村'。"② 李剑华还强调对社会学历史的研究必须搞清楚社会学的起始问题，确认社会学的成立应该以是否构成体系为依据。李剑华倡导社会学史的研究，并主张社会学史从孔德写起，这对社会学这门学科在中国的建

---

① 李剑华. 社会学史纲［M］. 上海：世界书局，1930：自序.
② 李剑华. 社会学史纲［M］. 上海：世界书局，1930：7.

设有着极为重要的意义。

（2）对西方社会学的发展历程进行梳理

李剑华从社会学的历史来看待社会学的演变历程。认为孔德之后西方的社会学主要有"两大思潮"，即综合的社会学和特殊的社会学，这是横亘在"社会学史上的两大思潮"。其中"综合学派"又可分为两派。一派认为社会学是居于其他社会科学的"方法论和绪论的地位"，认为其他社会科学，包括经济学、政治学、法学、伦理学等"都是将社会历史之一面，从一定的特殊的见地的抽象而成立的"，社会学的目的"指示各种社会科学在科学界应有的目的和地位"。这一派主张社会学是其他社会科学的方法指导，是"社会文化科学绪论"①。另一派认为社会学"以综合研究社会的历史的实在的历史哲学的综合社会学"，其他社会科学没有独立的生存权，只有社会学才有，其他社会科学研究都是以"社会实在的一局部为研究范围，必不免限于偏断的错误"，其他社会科学的错误，只需要由把握全体的综合社会学来根本改造重新建设。特殊社会学主张"由其主导观念就社会的历史的实在之一方面"，而成立的学问，相较于经济学、法学、政治学的主导观念，社会学应当以"模仿""压迫""同类意识""社会结合形式""内容的结合""社会行为""社会关系"等主导观念成立社会科学。李

---

① 李剑华. 社会学史纲［M］. 上海：世界书局，1930：14.

剑华从学术体系视角对两派社会学给予了评价，他认为："综合社会学者，定要把社会学捧上社会科学的王座，却不知不觉间把社会学没落到哲学的鬼门关里去了。特殊社会科学的社会学者，要把社会学从社会学研究的王座上请下来，和各种社会科学分庭抗礼……获得和各种社会科学同等的生存权。"① 李剑华认为这两派其实都属于一派，能够真正树立起社会学研究的大旗。

（3）对中国社会学史的问题进行研究

李剑华对中国的社会学也给予高度的关注，希望中国社会学能够取得更大进步。在《社会学史纲》中，李剑华回顾了中国社会学的发展历程。认为中国古代虽然有大量社会学资料和关于社会学的思想，却是"片段的、无组织的、非科学的"，真正社会学乃是从西方输入，严复等对西方社会学的输入做出了重要的贡献。但李剑华也认为中国社会学的发展以五四运动为一个重要的时期。从其叙述中不难理解，五四运动以后，中国学术界不仅继续翻译、传播西洋的社会学著作，而且出现了一系列中国人自己撰写的社会学著作，中国人开始创办社会学研究会，出版社会学研究会的杂志，不少社会学者也开始对中国的社会进行调查实证，并取得了不菲的成绩。李剑华将社会学的研究与中国社会学发展的社会环境结合起来，企图寻找变

---

① 李剑华. 社会学史纲 [M]. 上海：世界书局，1930：15-16.

革社会之方法，就如其在书中提出的问题一样："学问的发达，假如和社会有关系，那么，中国的社会，也许对于学问不利。我想中国的社会，如此这般下去，中国的社会学，永远不会赶上欧美和日本的，然而这又有什么办法呢?"① 这也体现了李剑华研究社会学的出发点。

总的来说，李剑华的《社会学史纲》具有鲜明的特点：一是运用历史的方法对社会学的发展演变历程进行了比较翔实的梳理，并对孔德、斯宾塞等众多社会学家的思想进行了概括整理，展示社会学这门学科的发展历史；二是对当时主要资本主义国家如法国、德国、意大利、英国、美国、日本以及中国的社会学进行了比较详细的梳理，为人们了解社会学的发展提供了有价值的资料，推动了社会学在中国的大众化。李剑华的《社会学史纲》是一部运用马克思主义观点写成的社会学著作，在中共马克思主义社会学史上也具有重要地位。

三、20 世纪 40 年代以后社会学的发展和成熟

经过 20 世纪 30 年代的研究沉淀，20 世纪 40 年代社会学得到进一步发展，并走向初步成熟。具体表现为两方面：一是中国共产党高度重视调查研究，在广大地区开展深入调查，将调查工作扩大到经济、政治、文化、社会生活的各方面，并且

----

① 李剑华. 社会学史纲 [M]. 上海：世界书局，1930：124-129.

在社会调查理论方面取得重大的突破，形成独具特色的社会调查理论；二是社会学理论体系进一步丰富和发展，大批马克思主义社会学家继续研究马克思主义社会学理论，积极地推进马克思主义与社会学相结合的进程，取得比较丰富的研究成果。

1. 中国共产党社会调查理论的发展

中国共产党历来重视调查研究，在 1930 年 5 月，毛泽东就专门撰写《反对本本主义》，提出了没有调查就没有发言权。重视对社会现状调查研究的作风在延安时期得以弘扬，毛泽东带头弘扬社会调查的优良学风，在指导全党开展调查研究的工作方面起到了积极的领导和组织作用，其社会调查思想也在实践中形成了理论体系。

调查社会的阶级状况与经济状况，为制定正确方针提供依据。20 世纪 40 年代，民族矛盾与阶级矛盾交织在一起，错综复杂。为此，中国共产党急需加强对中国社会经济、社会、文化状况的了解与研究，以便制定出适合实际的具体政策。1940年 9 月，毛泽东拟定了《关于调查地主资产阶级和国民党军官的通知》，要求调查研究大资产阶级、民族资产阶级必须细致入微，不仅要有籍贯、年龄、出身、履历、派别、资产活动等基本信息，还要对其嗜好、政治动向等进行调查，每人立一小传。同时对国民党军官的调查也是按照此条目具体调查。毛泽东拟定的这份党内指示，试图通过对地主、资产阶级及国民党军官的调查，以弄清中国社会阶级的特点，为中国共产党制定各项政策提供详细参考依据。

1941 年 8 月，毛泽东又为中共中央起草了《关于调查研究的决定》以下简称《决定》，号召全党大兴调查研究之风，针对实际情形开展调查研究工作。《决定》指出中国共产党已经是一个肩负巨大革命任务的政党，必须扫除主观主义作风，加强对国内外、省内外乃至县内外的情况的调查了解，"方能有效地组织革命力量，推翻日本帝国主义及其走狗的统治"①。中国共产党决定设置中央和地方调查研究机关，负责收集国内外政治、军事、经济、文化及社会阶级关系的各方面材料加以研究，以便为党的方针政策直接助力。关于调查方式，即"收集材料的方法"，毛泽东在《决定》中做了七方面的举例性说明，包括收集各种报纸杂志加以整理分析，邀集有经验的人开调查会，收集县志、府志、省志、家谱等方式。毛泽东提出的调查方法，是根据当时调查的需要列举出来的，对各地调查工作起了指导作用。《决定》推动全党范围内兴起调查研究的热潮，有助于获得第一手调查材料，同时推动了中国共产党工作方法的改变。

1941 年 9 月，毛泽东撰写《关于农村调查》，对社会调查进行了理论上的总结与提升。在文章中，毛泽东指出了调查研究要坚持深入实际详细地占有材料，抓住要点，这是进行分析

---

① 中共中央文献研究室．毛泽东文集：第 2 卷［M］．北京：人民出版社，1993：361.

的重要依据，接着按照对立统一方法，通过观察—分析—综合最后形成科学的认识。以毛泽东为代表的中国共产党人重视对社会的调查实证，在调查方法上强调实地调查、间接调查相结合的方法，总结分析善用矛盾分析、阶级分析、统计分析相结合的研究材料方法，对于中国社会的调查研究有重要意义，丰富了马克思主义社会学研究的内容，为社会学体系的完善做出突出的贡献。

2. 沈志远对社会学的完善和普及

在中国社会学体系的完善发展过程中，沈志远也有不菲的贡献。其著作《新社会学底基本问题》（生活·读书·新知上海联合发行所 1949 年于上海出版）是一部以马克思主义唯物辩证法为指导撰写的通俗社会学读物，对社会学的普及有重要贡献。该书从六方面对马克思主义社会学的基本观点进行了通俗性的解说，为马克思主义社会学思想的普及做出重要贡献。

（1）对新社会学概念进行界定

沈志远在《新社会学底基本问题》中对"新社会学"进行了概念上的界定，从而与"旧社会学"（资产阶级社会学）做出区分，为马克思主义社会学传播开辟空间。在书中，沈志远对新旧社会学的区别进行了阐述。新旧社会学的第一个区别在于对客观社会规律问题的回答，新社会学承认社会历史运动具有客观的历史必然性，社会发展史有内在规律可循。"新社会学认定社会生活中各种现象的相互联系和相互制约不是偶然的事情，而是社会发展中的必然性规律性。而这种规律性是完全客观存在的……因为社会历史已成为社会的有规律的发展，而社会历史的研究已成为科学了。"① 旧社会学的学者在观点上则与新社会学相反。旧社会学在社会研究上陷入"唯心论"，他们将社会制度看作人的意志或者理智的体现，否定社会发展的客观规律性。新旧社会学的第二个区别在于社会一般与具体的社会形态。沈志远认为旧社会学以"社会一般"的概念来解释社会，而没有"社会形态"的概念，这就掩盖了不同性质之间社会形态的差别，这样就会把社会看作依据一定共同愿望而集合起来的群体，这就从根本上掩盖了社会性质。新社会学研究者则将社会看作一个历史过程，"天下只有成为历史发展过程中的一个个阶段的具体社会形态，以建立于一定的生产力水平上的生产诸关系为基本骨干的具体的社会结构，却从来没有所谓'社会一般'"②。新旧社会学的第三个区别在于"阶级的观点"。沈志远认为新旧社会学对于社会结构的认识有着显著的区别。"社会是由各个阶级所构成的思想，在旧社会学里是连个影子都没有的"，因而是否用阶级观点来看待社会是新旧社会学的重要分野。沈志远将新旧社会学区别开来，揭示新社会学的基本特征，引导人们运用马克思主义唯物史观来研究

---

① 沈志远. 新社会学底基本问题［M］. 上海：生活·读书·新知上海联合发行所，1949：1-2.
② 沈志远. 新社会学底基本问题［M］. 上海：生活·读书·新知上海联合发行所，1949：5.

社会及社会变动，使社会学"不再是死的固定的抽象教条，而是活生生的具体的科学的历史理论"①。

（2）对社会与自然关系的分析

社会学研究不可避免地要解释清楚社会与自然的关系，因为社会是自然界长期发展的产物，社会与自然有着密不可分的关系。另外，社会是人类活动所构成的社会而不是自然，与自然又存在着显著的差异。在《新社会学底基本问题》中，沈志远从四方面阐释了社会与自然的区别。一是人类劳动的自觉性，人类能够组成社会，区别于动物的主要一点在于人类能够自觉地劳动，并在劳动中发挥自己的主观能动性，能够使得劳动有计划和有目标地去进行，从而实现既定目的。二是人能够运用工具来生产。制造和运用工具是人类与动物的根本区别。动物因为不会制造工具来从事满足自身需求的劳动生产，因而只能适应自然，而无法像人类一样去改造自然。三是人类能够再造自然。在沈志远看来，人类与自然的关系体现了人类的自觉性、积极性和主动性，人类在适应自然的过程中能够利用自然，从而达到改变自然的目的。这与其他动物消极适应自然有着很大的不同。四是人类的"自觉斗争有别于'物竞天择'"。沈志远指出，社会和动植物界都在矛盾中、斗争中发展，矛盾与斗争便是其发展的动力。但是两者是有区别的，动

_____

① 沈志远. 新社会学底基本问题［M］. 上海：生活·读书·新知上海联合发行所，1949：10.

物的斗争是"物竞天择"法则下的自然竞争,社会斗争则是各个对立阶级自觉的斗争。沈志远运用唯物辩证法的观点来解读自然和社会的关系,解释自然规律与社会规律的区别联系,批判了以生物学观点研究社会学的错误观点,说明研究社会规律的极端重要性,从而为人们科学认识社会指明了方向。

(3) 对社会结构和社会形态的研究

在《新社会学底基本问题》一书中,沈志远不仅对生产力、生产关系等基本范畴进行了翔实的论述,还用了大量篇幅对社会结构和社会形态进行分析研究,阐述马克思主义关于社会结构和社会形态的基本思想。沈志远指出,社会经济结构是社会的基础,任何社会都是建立在一定经济结构基础上的,经济结构的变动必然引起上层建筑的变动。沈志远指出英国经过工业革命以后,英国经济结构发生了重要变化,由封建的转为资本主义的。由于经济基础的转变,英国的政治制度也由封建专制转变为资产阶级民主主义议会制度,随着议会制度的确立,有关的意识形态,如"自由""平等"等观念也就盛行起来。关于社会形态问题,沈志远继承马克思主义的主要观点,认为一种社会与另一种社会的不同就在于社会形态的不同,而社会形态的"特质"决定于"诸种生产关系之体系",而生产关系的"特质",归根结底又是由生产方式决定的,因此社会形态也就成为"新社会学"的主要范畴,即"新社会学中的主要范畴社会形态(Social Formation) 就决定于诸生产关系之体系，亦可说是决定于生产方式"①。为了分清社会关系的性质和社会所处的社会形态，沈志远提出了两个标准：一个是看其是否具有阶级性；另一个就是看其阶级关系的性质。

（4）对社会冲突的阶级分析

在《新社会学底基本问题》中，沈志远以"关于阶级与阶级冲突""社会变革"等为专题对马克思主义社会学关于社会冲突和社会变革做了全面的论述，为研究社会学提供新的思路。沈志远运用马克思主义阶级斗争理论来揭示社会冲突现象，宣传阶级斗争是阶级发展动力的思想。沈志远指出："在划分了阶级的社会内，不管个人的意愿如何，对立诸阶级之间的斗争是不可避免的……他们中间有着不同的乃至相反的利害关系。利害不同必然发生利害的冲突，特别是生产手段占有者和劳动者的利害冲突。这种因阶级相互利害发生的冲突，就是阶级斗争。社会一天存在着不同的阶级，它就一天不能停止阶级间的利害冲突，因而也就一天不能停止阶级斗争。"② 沈志远不仅强调阶级斗争的历史必然性，还指出阶级斗争对历史的影响，是社会发展的动力。另外，沈志远还从生产力与生产关系的角度来说明社会冲突问题，强调社会变革的根本原因是生产力与生产关系的冲突，阐明社会革命的历史必然性。

---

① 沈志远. 新社会学底基本问题［M］. 上海：生活·读书·新知上海联合发行所，1949：36.

② 沈志远. 新社会学底基本问题［M］. 上海：生活·读书·新知上海联合发行所，1949：43-44.

沈志远的《新社会学底基本问题》具有比较鲜明的时代特点。一是用通俗的社会语言和生动的例子说明深刻的社会道理，推动马克思主义社会学思想的传播和普及。二是密切联系中国社会变革的实际情况，对中国社会变革提出了自己的思路，积极宣传了中国共产党关于新民主主义革命的基本主张。三是在批判旧社会学观点的基础上，构建起"新社会学"有关理论体系框架。沈志远的《新社会学底基本问题》是在新民主主义革命胜利前夕出版的马克思主义社会学的专著，该书对马克思主义社会学体系的完善做出重要的贡献。

第三章

马克思主义传播与中国史学的发展

中国史学研究的转型始于严重的民族危机和社会危机。鸦片战争的爆发，拉开西方列强侵略中国的序幕。为实现救亡图存的目标，无数仁人志士在向西方学习的过程中，经历了从学习器物、制度到思想文化的全面拓展，推动了中国学术研究由传统向现代的转型。五四运动以后，马克思主义唯物史观的广泛传播推动了中国史学研究的转型。具体表现为五方面：一是在思想观念上，史学研究突破传统循环论为主的历史观，转向进化的、发展的唯物主义历史观；二是在研究对象上，突破传统以王侯公卿为中心书写的政治史，转向以人民群众为中心的群众革命史；三是在研究目的上，从记述史实转向在立足史实的基础上，进一步阐述人类社会历史发展规律；四是在研究方法上，由对传统史学方法走向借鉴科学的、各种与史学相关学科的理论和方法；五是在史著编写体裁上、体裁上，从传统的纪传体、编年体和纪事本末体等转向更加适合表达现代史学思想和内容的章节体、专门史等。20 世纪 20 年代至 40 年代的史学研究，在中国史学发展史上有着承前启后的重要作用，直接影响了整个 20 世纪中国史学发展的方向。

第一节　马克思主义早期传播与史学研究的转型

以鸦片战争为肇始，中国社会开启从传统向现代转变的历程，这种转型不仅体现在器物、制度和文化观念上，也体现在以社会发展为研究对象的哲学社会科学上面。在社会近代化的背景下，以中国社会发展为研究对象的中国史学也开始在困境中探寻出路，在变革中追求创新，最终通过甄别、借鉴、吸收西方新的史学理论和观念，完成了构建现代史学的历史使命。五四运动爆发以后，马克思主义在中国迅速传播，促使大批学者开始运用唯物史观重新解读历史。在历史研究领域，史学家站在唯物史观的立场对史学有关概念进行重新界定，运用新的研究方法，拓展了史学研究视域，形成新的研究范式，推动了史学研究的现代化转型。李大钊、陈独秀、蔡和森等人具有开创之功。

一、马克思主义传播推动史学学科概念初步确立

（一）"历史"概念的演变和成熟

历史是历史学的研究对象，那么对于什么是历史，是从事历史研究的人们必须正视和回答的问题，也是进行史学研究和建立科学的历史学科的前提条件。有着中国近代史学之父、中国资产阶级新史学创建者之称的梁启超先生曾力图借鉴西方进化论来重新解说历史。梁启超以进化论解读历史，认为历史是"论述人间过去之事实者也"。他认为以前史家所著之历史"不过记述人间一二有权力者兴亡隆替之事，虽名为史，实不过一人一家之谱牒"，而新时代的史学研究者"必探究人间全体之运动进步，即国民全部之经历及其相互关系"①。梁启超尝试以进化论来重新解读历史和历史学，是近代中国学者努力建设科学的历史学的积极尝试，对于打破封建观念对历史学的束缚、探索历史发展的规律有积极意义。但是进化论不能真正科学地解释历史，也无法完全战胜封建史学观念，甚至在特殊情况下还有倒退的危险。梁启超在五四运动时期就曾公开否认历史发展具有规律性，放弃了他早期关于历史的进化发展具有"公理"和"公例"的立场表明，历史要得到科学的界定，中国历史学要在科学的轨道上发展，中国资产阶级史学家是难以

---

① 梁启超．中国史叙论［M］//梁启超．饮冰室合集：文集之六．北京：中华书局，1989：1.

承担此重任的。

五四运动以后，中国进步学者和知识分子开始以唯物史观来解读和定义历史。李大钊对历史的研究从探讨"史"的本义和在实际生活中的内涵出发，对"史"的原义在各国的不同进行了深入考察。李大钊指出，历史就是人类的生活并为其产物的文化。这一概念界定强调"人类生活"在历史中的地位，将历史与历史记录区分开来，揭示历史社会生活的内容和不断发展的特征，打破了传统史学家把历史资料、历史记录、历史典籍、历史传记等本身看作历史，并由此认为历史是不可变动的局限思维。在国人固有的传统思维中，一提起"历史"，人们首先想到《二十四史》《史记》《资治通鉴》等，以为这些便是历史。李大钊认为这些只能算是历史的记录，是研究历史的"资料"。研究历史就要研究活的历史，活的历史"只能在人的生活里去得，不能在故纸堆里去寻"①。李大钊的论述强调历史的社会本质属性和不断发展的特征。李大钊从唯物史观角度揭示历史发展性特征，认为历史就是"人类生活"的"变迁"，历史是社会的变革。因此，历史的发展性特征体现在人类生活、社会变革之中。换言之，历史的研究只有从生产力与生产关系、经济基础与上层建筑的矛盾运动中去分析，才能揭示历史的本来面貌。基于对马克思主义唯物史观的掌握，李大

---

① 李大钊. 史学要论［M］//李大钊. 李大钊全集：第4卷. 北京：人民出版社，2013：518.

钊依据"历史是社会变革"的观点，阐明历史应当包含人类文化的内容，使历史领域大大拓宽，为中国史学研究走上科学的轨道准备了条件。

（二）关于"史学"概念的科学界定

历史学是不是科学，能不能成为科学以及成为何种性质的科学，这是近代以来史学转型发展必须确证的另一重要问题。因为历史学只有具备科学的特性，能够发现历史规律，才能拥有科学的品格，从而上升到科学的高度，如此历史学才能真正成为历史科学。

李大钊基于对"历史"的解析，认为历史是"人类的生活并为其产物的文化"。对以"历史"为研究对象的"历史学"概念又进行了唯物史观的科学阐释，指出史学研究的不是一般事物，而是整个人类生活。"历史学就是研究社会变革的学问，即研究在不断变革中的人生及为其产物的文化的学问。"[1] 李大钊对史学的这一分析使历史研究摆脱了仅研究政治史的狭小范围，扩展到重点研究"国民的生存的经历"，推动了史学研究的重点发生根本性的转移。将"国民的生存的经历"作为史学研究的主要对象，是对历史学的研究对象做了科学的学理阐释，打破了旧史学侧重研究个人的传统，使史学研究获得更为广阔的空间。为防止新的偏向，李大钊郑重强调研

---

[1] 李大钊 . 史学要论 ［M］//李大钊 . 李大钊全集：第 4 卷 . 北京：人民出版社，2013：527.

究国民生活和历史人物的关系。一方面，客观分析历史人物在历史发展中的作用；另一方面，也从历史人物的言行经历"考察那时造成他们思想或事业社会的背景"①。李大钊强调辩证研究团体生活与个人经历的关系，是完全符合马克思主义史学建设的要求，也是历史研究走上科学轨道的必由之路。

李大钊在科学阐释史学概念的同时，还对史学研究方法和史学的功能提出新的见解。由于传统历史学研究对象局限在个人经历上，采用的多为描述的方法，因此不可能深入到"演绎的推理"，历史研究也仅仅停留在经验的描述阶段。李大钊积极推动历史研究方法的变革，主张历史研究方法向推理的方向过渡。在李大钊看来，经验性的描述方法只是学术研究的初始方法，而且不为史学所独有；演绎的推理则是学术深入研究的要求，史学也不能例外。另外，李大钊也对史学的功能提出了新见解。在《史学要论》中，李大钊以人生的发展与需求来看待历史学的功能，认为现代史学的研究能够陶冶人们的科学态度，能给人们以进步的世界观和"乐天努进"的人生观，能激发青年的爱国情感，使青年树立报国之志。李大钊对历史价值的认识突破了传统史学资政、教化的功能意义，而特别强调史学对培养国人的科学精神以及对人生修养的意义。

---

① 李大钊. 史学要论［M］//李大钊. 李大钊全集：第4卷. 北京：人民出版社，2013：528.

（三）对历史哲学的科学认识

历史哲学是什么？在史学研究中的地位如何？当时中外学者都没有形成统一的认识。西方历史哲学的两大流派——思辨的历史哲学与分析批判的历史哲学，他们在回答"历史哲学是什么"时有不同答案。思辨的历史哲学遵循实证主义哲学的路线对历史过程进行研究，因此其所理解的历史哲学就是一种自然的哲学；而分析批判的历史哲学在当时才刚刚兴起，他们把历史哲学的领域界定在历史认识论上，他们所注重的是"历史的智识的批评"。以李大钊为代表的中国学者在深入研究西方历史哲学史上两种倾向和两个层面的基础上，对历史哲学地位进行了科学的阐释。

一是关于哲学与历史学的关系。李大钊认为文、史、哲都是关于人生的学问，不应严格地区分，只是为研究的方便而有所分别，但这并不意味着学问之间"老死不相往来"。从史学的角度来看，哲学本身就是史学研究的一种对象，要从历史事实中阐明一般的原理，又不得不借重于哲学；从哲学的角度来审视，历史事实本身也是哲学考察的对象，哲学必须以史学研究的结果为基础，以一般史识为要，"故亦须用历史研究法的研究以研究哲学史"①。在历史与哲学关系问题上，至少可以得出这样两点结论：一方面，历史学必须得到哲学的指导，因

① 李大钊. 李大钊全集：第4卷［M］. 北京：人民出版社，2013：202.

100

为历史研究的历史观、研究历史的规律、指导历史研究的方法都离不开哲学；另一方面，哲学需要以历史学为基础，它需要以史学研究的成果为基础，需要有历史的知识背景，需要吸取历史学的方法，但这不是说哲学不介入历史研究领域，而事实上哲学在"研究宇宙一切现象"的过程中也必然研究作为"宇宙的一部分"的历史。李大钊认为"譬如，历史与哲学虽各有领域，而历史哲学便处于二者之间，不能说完全属诸史学，也不能说完全属诸哲学"①。李大钊的这一论断突出了历史哲学本身应有的独立性。

二是关于历史哲学与历史科学的关系。当时学术界存在"历史哲学与历史科学的界域不清，互辞互用"的现象。李大钊从哲学与科学之间区别的出发，进一步说明历史哲学与历史科学加以区别的必要意义。在李大钊看来，历史哲学体现出哲学的基本特征，而历史科学又体现出科学的主要特征，因此两者有必要首先从哲学与科学的分辨开始。李大钊认为历史哲学与历史科学之间存在明显的界限，即历史哲学是"就历史事实的哲学的考察"，它是由哲学的特点决定的，着重研究历史事实的"本性及原则"，因而具有整体性与宏观性的特点；而历史科学是"就历史事实的科学的考察"，它是由科学探求理法的特点决定的，但"专注于特殊研究"，研究历史事实的"性

---

① 李大钊. 李大钊全集：第4卷 [M]. 北京：人民出版社，2013：201.

质及理法"，因而其范围及研究成果就有相对的部分性与微观性的特征。李大钊还指出，历史哲学与历史科学之间有着密切关系，双方互相辅助、互相资益的地方甚多。"历史哲学，有时要借重历史科学研究的结果，利用其所供给的材料；历史科学，研究到根本问题的时候，亦要依据历史哲学所阐明的深奥高远的原理，以求其启发与指导。"① 正是深入研究历史哲学与历史科学的区别联系中，李大钊发现了历史哲学对历史科学具有"启发与指导"的意义。

二、马克思主义传播推动史学研究视域的转变

史学研究，特别是中国古代史研究是中国学术研究的传统学科，造就了一批又一批的学术大家。中国古代史的研究在中国近代学术界已发生很大的变化，主要是从进化论的角度来重新看待中国古代历史的发展，兴起了"史界革命"。对此，梁启超、夏曾佑等做了突出的贡献。但是，中国近代资产阶级史学并没有发现中国古代史的规律，而且由于其本身力量的弱小又不可能对古史研究中的旧观念进行彻底清算。马克思主义唯物史观的广泛传播为历史研究提供新的视域和研究方法。李大钊等人认为对古代史的研究必须从实际出发，站在科学的立场，采用科学的方法，开辟史学研究的新领域。

---

① 李大钊. 李大钊文集：第 4 卷 [M]. 北京：人民出版社，1999：419.

（一）运用唯物史观对历史材料进行分析

作为学习和传播马克思主义的先驱，李大钊非常注重运用唯物主义历史观来解读历史，他的著作《原人社会于文字书契上之唯物的反映》有着鲜明的特征。从其征引的文献资料来看并没有太多的新史料，但他注重对文献史料的唯物史观解释，因而得出新的结论。他倡导打破落后的、倒退的历史观，运用唯物史观对历史重新解说。他在其史学理论的著作中一再强调要对历史进行"解喻"，对历史要进行"重作"或"改作"，这当然也包括古代历史在内。李大钊指出："前人为孔子作传，必说孔子生时有若何奇异祥瑞的征兆，把西狩获麟一类的神话，说得天花灿烂；我们若在现今为孔子作传，必要注重产生他这思想的社会背景，而把那些荒正［诞］不经的神话一概删除。本着这一副眼光去考察旧史，必定忍不住要动手改作。一切的历史，不但不怕随时改作，并且都要随时改作。改作的历史，比以前的必较近真。"① 李大钊强调要根据新史观对历史进行"改作"，对古代史研究是有指导意义的，而《原人社会于文字书契上之唯物的反映》就是李大钊运用唯物史观对远古至商周历史进行"改作"的积极尝试。

（二）强调加强古代经济史研究的重要意义

传统史学总体上是以政治史为中心，虽然也有对经济史的

---

① 李大钊. 李大钊全集：第 4 卷［M］. 北京：人民出版社，2013：524.

研究，如《史记》的《货殖列传》《平准书》和历代正史的《食货志》《地理志》及其他地理史书中都有较为丰富的记载，但是这些唯物的或进化的观点仅为一些理论的片段，还没有形成以经济史为基础的理论体系。早期的马克思主义史学家从唯物史观出发强调要研究古代经济生活。他们认为中国自古以农业立国，长期在东亚以农业为本位的诸多国家中占据重要位置，而中国古代的宗族式团体，不仅是血统关系的结合体，还是经济关系的结合体。研究古代的经济生活，其实质在于运用唯物史观考察古代社会的经济基础。李大钊本人对土地制度史的研究就是对中国古代经济史研究的积极尝试。加强对古代经济史研究这一主张在 20 世纪 30 年代由郭沫若、吕振羽等马克思主义史学家进行具体的实践并拓展，推动中国马克思主义史学和中国古代史学研究进入了一个崭新的阶段。

（三）重视地下考古发掘材料对古代史的研究

从地下发掘的文物是古代历史的遗留的证据，其所蕴含的历史信息可以弥补历史文献之不足，对古代历史的研究具有十分重要的意义。当时学术界有人认为运用考古材料于古史研究存在危险性，李大钊不同意这种看法，他认为地下考古发掘出来的材料应该成为研究古代历史的重要依据，"但在今日舍此更无确实的证据"①。在研究方法上，李大钊主张使用考古材

---

① 李大钊. 李大钊全集：第 3 卷 ［M］. 北京：人民出版社，2013：301.

料要与文献相结合，如他认为研究殷周社会的历史在利用殷墟考古材料时，要用较为可靠的一部分，即《尚书》和《诗经》中的文献，从中寻出些旁证。又如，关于中国古代的竹书、帛书、纸书等问题，李大钊充分利用考古材料，吸取了罗振玉、王国维的考古研究所得，同时又与《史记》《汉书》的文献相参照，得出"中国古代的文字书于竹帛，竹书在先，帛书稍后"① 的结论。在当时史学界还没有充分意识到考古发掘材料对史学研究的意义的情况下，李大钊倡导运用发掘的文物材料并与文献资料相结合，对中国古代历史研究而言，具有重要的学术指导意义。

（四）强调在中外历史比较中深化古代史的研究

李大钊1918年6月至7月发表文章《东西文明根本之异点》，从文化对比的角度阐明中国文化思想的特点。他通过中外文化历史特点的比较研究指出，包括中国在内的东方民族是"故以农业为本位，而为定住的"，而"农业本位的民族，因为常定住于一处，所以家族繁衍，而成大家族制度——家族主义"②；又因聚族而居，形成"重男轻女、一夫多妻的风俗"。西方民族则相反，是"以工商为本位，而为移住的"，而"工商本位的民族，因为常转徙于各地，所以家族简单，而成小家

---

① 李大钊.李大钊全集：第3卷［M］.北京：人民出版社，2013：303.
② 李大钊.李大钊全集：第3卷［M］.北京：人民出版社，2013：186.

族制度——个人主义"①；又因为转徙无定，"所以成尊重妇女一夫一妻的习惯"。李大钊的这些观点在今天虽然还有进一步确证的必要，但他从中西文化比较的角度阐明的中国文明特点，对古代文化史的研究还是有积极意义的。李大钊不仅倡导运用比较研究的方法来进行历史研究，而且身体力行地通过中西历史的比较来研究中国古代历史。由于李大钊注重比较研究方法的运用，所以他在古史研究中往往可以得出鲜明而独到的结论。

五四运动之前，中国学者在古代史研究领域虽然没有进行全面的系统展开，但是已深入古代史研究的许多领域，在观念革新、视域转换、研究拓展等方面都做了开创性的工作，虽然学者们的研究结论在今天看来未必都符合历史事实，但得出的主要结论依然是正确的。

三、马克思主义传播推动史学研究范式创新

中国近代史研究是一门新学科，这与当时的社会变革有着十分密切的联系。从中国近代史这门学科的发展来看，五四运动时期才开始形成。到 20 世纪 30 年代中国社会史问题论战时，初步形成以"革命史范式"和"现代化范式"为代表的研究框架。20 世纪 50 年代开始，"革命史范式"成为中国近

---

① 李大钊. 李大钊全集：第 3 卷［M］. 北京：人民出版社，2013：186.

代史研究的主要范式。20世纪80年代末以来，"现代化范式"得到创新和发展，形成中国近代史研究中"革命史范式"与"现代化范式"并存的学术景观。从中国近代史的研究历程来看，李大钊、陈独秀等在唯物史观影响下对"革命史范式"的形成有重大贡献，是20世纪30年代"革命史"研究的先导。

（一）对近代中国社会性质的科学判断

鸦片战争之后的中国社会，一方面，封建性的传统的农业生产方式处于不断瓦解的过程中，新兴的资本主义因素在逐步成长，但封建势力依然具有很大的力量，并未完全退出历史舞台，原来的封建社会变成了"半封建社会"；另一方面，由于西方列强的入侵使中国丧失政治上的独立地位，但中国人民的奋力抗争使中国并未沦为完全的殖民地，近代中国社会变成了"半殖民地"社会。中共二大形成的《关于议会行动的决议》中将中国社会认为是"国际帝国主义的掠夺场和半殖民地""国际资本帝国主义所扶植的武人势力的宰割物和糜烂区域"①。中共二大对近代中国社会性质的两种不同认识，表明此时中共党内已经在对中国近代社会"半殖民地"性质问题进行研究探讨，但尚未形成统一的认识。较早接受了马克思主义唯物史观的陈独秀，运用阶级斗争的观点来分析近代中国社会的性质，认识到资本帝国主义的入侵造成了中国社会的巨大变

① 中共中央文献研究室，中央档案馆．建党以来重要文献选编（1921—1949）：第1册［M］．北京：中央文献出版社，2011：148.

化，引起中国社会经济形态和阶级关系的变动。1923 年，陈独秀明确提出近代中国社会是"半殖民地"的论断。陈独秀是党内高层领导中较早提出用"半殖民地"概念来分析阐明近代中国社会性质的，他虽然没有提出"半封建社会"这一概念，但他对近代中国经济状况的分析考察，指出近代中国已经不是传统的封建社会的这一论断，为中国共产党确立"半封建社会"概念奠定了思想基础。

（二）开创"革命史"的研究范式

中国近代史研究的"革命史范式"把"民主革命"（"旧民主主义革命"和"新民主主义革命"）作为研究近代中国历史的主线。陈独秀在研究了近代中国社会性质的基础上，提出了近代中国需要完成国民革命任务。陈独秀认为中国近代社会发展的历史主题是进行民主革命，但是陈独秀又认为"民主革命"的概念，更像是资产阶级的口号，因为在殖民地半殖民地的中国，没有"欧洲十八世纪资产阶级的革命"的那种条件，于是他在《造国论》中便改用"国民革命"来取代"民主革命"的概念。从陈独秀的解释来看，"国民革命"在实质上就是"民主革命"，只不过是特指殖民地半殖民地的资产阶级民主革命，而中国近代社会是"半殖民地"社会，近代中国民主革命的根本任务是反对资本帝国主义的侵略和本国封建军阀的统治，具体实现途径就是开展反帝反军阀的国民革命运动。李大钊对中国的社会性质和革命也做了深入分析，指出中

国的民族解放运动应该是既要反对帝国主义又要反对封建军
阀。李大钊、陈独秀等早期马克思主义者对中国近代社会主要
矛盾和革命任务的揭示，为 20 世纪 30 年代中国马克思主义者
在中国社会性质问题的论战中，发展马克思主义史学，正确认
识中国近代历史做了基础性的工作。

　　另外，陈独秀还对只强调进行反帝国主义或者反封建主义
的"半国民运动"，即只反对国内的军阀，而不反对帝国主义，
只反对某一或某几个帝国主义国家，而与其他帝国主义亲近，
不全部地反对国内军阀，只是反对国内某一军阀的观点进行了
深刻的批评。陈独秀指出，真正的国民运动应该是将反帝国主
义与反军阀作为斗争的目标，只有"团结民众的势力，满具革
命的精神，绝不与任何帝国主义者、任何军阀妥协，这就叫作
纯粹的国民运动"①。因为中国军阀有"国外帝国主义的后
援"，中国军阀如果离开了帝国主义则不能生存。所以，军阀
也是近代中国民族革命的对象，"所以社会主义的国民运动，
反对帝国主义比反对军阀更为紧要"②。陈独秀进一步说明中
国近代社会存在资本帝国主义与中华民族、封建军阀与人民大
众的矛盾，由此决定帝国主义与封建军阀都是中国近代民主革
命的对象，并鲜明指出中国民主革命在反帝反军阀的斗争中必
须"依靠中国国民自己力量"的主张。因为中国人民受到帝国

---

① 陈独秀. 陈独秀文集：第 2 卷［M］. 北京：人民出版社，2013：419.
② 陈独秀. 陈独秀文集：第 2 卷［M］. 北京：人民出版社，2013：420.

主义和封建军阀的双重压迫，国民运动必须依靠中国人民自己才能一方面打倒帝国主义，另一方面打倒封建主义。寄希望于友邦势力或利用一部分军阀势力来做国民运动的话无疑是"王婆照应武大郎"。陈独秀、李大钊关于民主革命是近代中国历史主题的论述，是建立在对近代中国社会的性质与矛盾分析基础上，是马克思主义阶级斗争学说的正确运用，奠定了近代史研究"革命范式"的研究基础。

（三）肯定鸦片战争是中国近代史的开端

肯定鸦片战争在中国近代史上的开端地位，也是早期马克思主义者的共识。鸦片战争是近代西方列强侵略中国的标志性事件，西方列强对中国的侵略破坏了中国的政治、经济、文化等方面，使中国原来的封建社会走向"大崩溃"，亦改变了中国的社会性质，同时又使中国社会逐步酝酿出了"资本民主革命运动"，深刻影响中国历史进程。中共二大宣言对资本帝国主义侵略中国的时间进程有比较详细的表述，认为从1839年英国舰队炮击虎门到1902年八国联军占领北京，这43年时间是资本主义国家瓜分中国的流血时期，也是中国人在历史上遭受最大痛苦和侮辱的时期。中共二大宣言关于鸦片战争是帝国主义侵华史的论述，已经成为当时中国共产党人的共识，以鸦片战争为中国近代史的起点，成为后来者们研究中国近代史的基本共识。

将鸦片战争作为序幕的中国近代史，以民主革命为主旋律，而在五四运动之后则有了新旧民主主义革命之分，五四之后新民主主义革命之新在于新的领导阶级和前途，在实践上仍继续坚持以反帝反封建为历史任务，外求中华民族之独立，内求人民之民主。这种研究范式的逻辑依据近代中国社会是半殖民地、半封建社会。与此相联系，近代中国社会矛盾主要是帝国主义与中华民族的矛盾、封建主义与人民大众的矛盾，主要矛盾决定了进行民主革命是近代中国的历史主题，而帝国主义和封建主义则是民主革命的对象。一部中国近代史不仅是帝国主义侵略中国的历史，也是中国人民反抗帝国主义斗争的历史。李大钊、陈独秀等早期的马克思主义者指出了民主革命是近代中国社会的主题，而帝国主义和封建主义则是这场革命的主要斗争对象，这一观点从提出的理论视角和分析的逻辑思路都具有深刻性，而且其基本内容涉及了社会性质、社会主要矛盾、革命对象等核心要素，构成了近代史研究"革命史范式"的基本内容。

第二节 中国社会性质问题论战与史学的发展

20 世纪 20 年代至 30 年代，中国社会的变化使马克思主义的传播更加深入，20 世纪 30 年代思想理论战线上展开的"中国社会性质问题论战""中国社会史论战""中国农村社会性质论战"可以说是在马克思主义的影响下，对现实中国和历史中国以及中国乡村社会性质进行了一次深入分析。1927年大革命失败以后，中国共产党、共产国际以及中国的知识文化界都在思考这样的问题，革命的失败到底是在哪一个环节出现了问题，理论？实践？下一步该如何去走？这些问题倒逼着中国共产党、哲学社会科学家去思考"中国向何处去"的问题。思考的最终归属，落到现实中国的社会性质上来。因为只有弄清楚现实社会的性质，才能确定革命的性质、革命的目标、革命的对象、革命的步骤与方法等。对于这些问题答案的迫切追问非但没有因为大革命的失败、国民党当局的恐怖镇压而减缓，反而以更加积极奔涌的态势呈现在人们面前。

围绕中国社会性质问题的系列论战，对中国马克思主义史学的研究产生了重要的影响。几次论战确立了马克思主义史学研究的概念范畴和研究的范式。

一、中国社会性质问题论战对史学研究的影响

关于中国社会性质问题论战不仅对社会学、政治学产生重要影响，同时对史学研究也产生深远影响。这场论战使人们对中国近代社会性质的认识提高到了一个新的高度，为马克思主义指导的中国近代史的研究提供了很多新的依据。

论战的焦点围绕近代中国社会性质问题。论战所形成的"半殖民地半封建社会"概念成为中国马克思主义学者研究中

国近代社会和社会历史的基础概念。在论战中，进步知识分子和革命学者继承李大钊等对中国社会分析的观点，意识到传统的封建生产关系虽然处于土崩瓦解之中，但仍然占据社会生活的主要地位，中国的社会是"半封建"社会；另外，帝国主义列强对中国的侵略使中国丧失独立的主权，虽然在名义上仍然是独立国家，但是政府实际上已经成为帝国主义列强在中国的代理人，中国的经济也是"帝国主义侵略下的半殖民地封建经济"①，这场论战使人们认识到帝国主义对近代中国社会演变所造成的恶劣影响。在论战中，进步哲学社会科学工作者正确阐述资本帝国主义对中国近代社会产生的影响，指出帝国主义虽然在一定程度上破坏了中国传统的封建生产关系，刺激了资本主义的发展，但是，帝国主义的本意并不是帮助中国民族资本主义获得独立发展，而是要阻碍中国民族资本主义的独立发展，将之变为帝国主义的商品倾销地和原料产地。马克思主义理论工作者刘梦云指出，帝国主义"不但不能帮助中国资本主义的独立发展，而且阻碍中国资本主义独立发展，不仅不消灭乡村中间的封建式的剥削，而且加紧了这种剥削"②。中国社会性质问题论战使帝国主义对中国侵略历史成为马克思主义研究者们研究中国近代社会历史的一个重要的方向和领域。

---

① 王昂．中国资本主义在中国经济中的地位及其发展前途［M］//高军．中国社会性质问题论战（资料选辑）：上册．北京：人民出版社，1984：195.
② 刘梦云．中国经济性质问题研究［M］//高军．中国社会性质问题论战．北京：人民出版社，1984：529.

中国社会性质问题论战使人们对于封建势力在中国社会中的地位有了明确认识。在论战中，不少学者认为，近代中国封建势力虽处于不断瓦解过程中，但是在近代社会中仍然存在，并且有着很大的影响。无论是在城市还是在农村，封建生产关系仍然占据着主导地位，广大劳动者不仅在经济上受到严重的剥削，在政治上也受到自由的限制。在广大的农村，农民不仅要向地主缴纳地租，还承担着无偿为地主进行各种徭役的工作，如收割作物、搬运粮食、房屋修缮等。除经济外的劳动榨取成为封建地主剥削和限制农民的重要形式，而这种劳动榨取具有"旧封建的半封建的生产关系的存在和剥削方式的存在"[①] 的特征。中国民族资本主义经济脱胎于半殖民地半封建社会，在资本帝国主义和本国封建势力的压迫下艰难地生存，发展的程度和速度都极低，王昂将中国资本主义经济、民族工业定义为"只限于资本主义工业初期时代的轻工业"[②]，在中国经济生活中并没有占据主导地位。在关于中国近代社会历史的研究中，中国民族资本主义发展问题作为一个重要的研究内容，分析其在中国社会演变过程中的地位，研究民族资产阶级在中国革命中的作用，成为马克思主义史学研究的一个重要传统。

---

① 王昂. 中国资本主义在中国经济中的地位及其发展前途 [M] //高军. 中国社会性质问题论战（资料选辑）：上册. 北京：人民出版社，1984：194.

② 王昂. 中国资本主义在中国经济中的地位及其发展前途 [M] //高军. 中国社会性质问题论战（资料选辑）：上册. 北京：人民出版社，1984：196.

中国社会性质问题论战不仅明确了中国是半殖民地半封建社会的概念判断，也形成研究近代中国社会的独特历史视角，即研究中国近代社会必须研究帝国主义、封建主义、资本主义三者在近代中国的关系、地位和影响。这样，以马克思主义为指导的中国近代史研究在中国社会性质问题的论战中得到发展，为中国近代史以及民主革命史的研究提供有力的学术支撑。

二、中国社会史论战对史学发展的影响

中国社会史论战又称"中国社会史分期大论战"，也是在20世纪20年代末30年代初发生在思想文化战线上的争论，是对中国社会性质问题历史的深入追问。论战主要围绕三个问题，即亚细亚生产方式问题，中国历史上有没有奴隶社会问题，秦汉以后中国社会性质问题。参与论战的学者纷纷著书发文，阐述自己的学术观点，论战的实质是马克思主义关于社会发展的学说是否符合中国社会发展的问题。

（一）关于亚细亚生产方式问题

亚细亚生产方式是马克思在《〈政治经济学批判〉序言》中使用的一个重要概念。马克思指出："大体来说，亚细亚的、古代的、封建的和现代资产阶级的生产方式可以看作经济的社

会形态演进的几个阶段。"① 中国史学研究者对此有着不同的
看法，郭沫若、吕振羽等都提出了自己的见解。其中郭沫若将
亚细亚生产方式认为是古代原始的公社社会，古典的社会认为
是希腊、罗马的奴隶制，封建的社会认为是欧洲的中世纪经济
上的行帮制。此后郭沫若又认为马克思所说的亚细亚生产方式
大致等同于奴隶制的族长制，是奴隶社会以前的一个阶段。吕
振羽对此提出了自己的看法，将亚细亚生产方式看作"一种初
期国家的奴隶制"。对于马克思主义提出的亚细亚生产方式所
对应的历史发展阶段，中国学者虽然存在着分歧，但是认为在
历史发展阶段上存在着这样一种社会历史形态。

（二）中国历史上是否存在奴隶社会问题

中国历史上是否存在奴隶社会问题是中国社会史问题论战
的焦点。这个问题的实质就是马克思主义的历史观点是否适用
于中国历史演变发展的实际，即马克思主义的理论是否具有普
遍性。中国马克思主义史学研究者们承认中国存在着奴隶社会
的事实，肯定马克思关于社会历史研究的普遍意义。其中郭沫
若、翦伯赞、吕振羽等都做了深入研究，认为在中国存在着奴
隶社会，肯定中国历史与世界上其他国家一样，都经历过奴隶
制的阶段，至于是从西周还是春秋开始，还需进一步地深入研
究才能做出判断。中国学者对中国存在奴隶社会的普遍认同实

---

① 中共中央马克思恩格斯列宁斯大林著作编译局. 马克思恩格斯选集：第 2 卷
　　[M]. 北京：人民出版社，2012：33.

质上肯定了马克思主义关于社会发展的一般学说，认同马克思主义在历史学研究中的指导地位。

（三）关于秦汉以后中国社会性质的问题

中国马克思主义史学研究者们批评那种认为秦汉以后是"商业资本主义""前资本主义"的说法。中国马克思主义史学研究者们认同封建社会在中国存在的事实，并就中国封建社会的一些特征进行了分析。王亚南就对中国封建社会进行了比较深入的研究，指出了中国封建社会妨碍中国资本主义经济发展的四大原因：缺乏外力的刺激，传统思想妨害自然科学的发达，缺乏奖励工业政策，土地投资普遍化。在论战中，中国史学研究者们虽然对中国封建社会的起始年代的问题存在着争议，但是都肯定中国在奴隶社会之后到鸦片战争这一阶段是中国封建社会，坚持了马克思主义关于人类历史发展阶段的理论。

如果说中国社会性质问题论战对马克思主义史学发展的影响在于推动了中国近代史研究的发展，那么中国社会史问题则主要推动了以马克思主义为指导的中国古代史研究的进步和繁荣。中国社会史问题的论战促进大批学者将目光和精力投入史学研究领域，形成了一支强大的马克思主义史学研究队伍，出现了以郭沫若、吕振羽、翦伯赞等为代表的马克思主义史学研究大家，产生了《中国古代社会研究》《中国近代经济史》

《中国现代经济史》等著作，标志着马克思主义史学的胜利，推动了中国史学研究的发展。

三、20 世纪 30 年代史学研究的发展与特点

20 世纪 30 年代思想理论战线上的系列论战实质上就是在学理上探讨中国革命、历史和文化新的出路问题。由于国民党政府当局限制马克思主义革命思想的宣传，不少学者将马克思主义观点、方法应用到社会科学研究当中，由此与传统的经学、反动的社会思想发生激烈的交锋，这个过程中涌现了大批史学研究大家，他们一方面积极参与到与反动势力的论战中，另一方面以马克思主义为指导深入研究中国古代史和近代史，出版了丰富的研究成果，推动了中国史学研究的发展。

（一）郭沫若与中国古代史研究的发展

在马克思主义史学研究历史上，郭沫若[①]是当之无愧的大家和旗帜。郭沫若的史学著作《中国古代社会研究》是 20 世纪 30 年代具有划时代意义的古代史研究著作。《中国古代社会研究》运用马克思主义基本立场、观点和方法，系统研究中国上古历史，全面阐述了中国历史与人类历史发展规律的一致性，奠定了中国史学研究的基础。《中国古代社会研究》1930

---

① 郭沫若（1892—1978），原名郭开贞，字鼎堂，中国著名现代文学家、历史学家，在文学、史学、哲学、艺术学、考古学、金文和甲骨文研究方面取得卓越成就，是中国马克思主义学术大家，马克思主义史学家。

年由上海联合书店出版印行，在随后短短的几个月里，联合书店便出了三个版次，之后又陆续出现了现代书局版本、群益出版社版本、人民出版社版本、科学出版社版本等诸多版本，可见该书在当时的影响力之大。书中收录了郭沫若撰写的《卜辞中之古代社会》《周代彝铭中的社会史观》等文章。这些文章是郭沫若在大革命失败以后在日本研究甲骨文和古代史的成果。该书是郭沫若以唯物史观研究中国古代史的开山之作，郭沫若将《易经》《诗经》、甲骨文、金文等作为研究中国古代史的史料，创造了一个具有唯物史观意义上的中国古代文化体系。因此，《中国古代社会研究》也被认为是中国马克思主义史学研究的代表作，开创了以唯物史观研究中国历史的新纪元。《中国古代社会研究》有以下几个重要的特点。

1. 以唯物史观阐释中国古代社会发展演变的规律

郭沫若从生产力和生产关系出发，科学阐释中国从远古社会到近代社会的发展，经历原始共产制、奴隶制、封建制和资本制几种生产方式的更替，在中国史学发展史上首次运用生产力和生产关系来说明中国社会历史演进的基本规律。郭沫若将此书作为"《家庭、私有制和国家的起源》的续篇"和"考验辩证唯物论的适应度"的学术著作。当然，郭沫若在此书下的一些定论也未必正确，如将西周以前看作共产制的氏族社会，西周是奴隶社会，春秋以后是封建社会，鸦片战争以后则是资本制社会，这观点在现在来看存在误判，并得出了不妥的结论，但是作为"用科学的历史观点研究和解释历史"的初创时期的尝试，它以充分的事实材料证明马克思主义创始人所揭示的历史发展规律的科学理论完全适用于中国的历史研究，对于那些打着"中国国情特殊"的旗号反对马克思主义的知识分子是一种有力的回击，对因为大革命失败而苦闷、彷徨的知识青年是有力的激励。正如郭沫若先生自己所言："对于未来社会的待望逼迫着我们不能不生出清算过往社会的要求。目前虽然是'风雨如晦'之时，然而也正是我们'鸡鸣不已'的时候。"① 郭沫若的《中国古代社会研究》在很长一段时间内成为史学研究者们选择唯物史观进行史学研究的正确参考范本。

2. 以唯物史观为指导，推动传统史学研究的创新

郭沫若以唯物史观为指导，使传统的考据学成为科学的历史实证学，推动了中国传统史学研究的革命性变革，是马克思主义在学术中国化上迈出的重要一步。郭沫若首次将甲骨文、卜辞、金文等实物材料与《尚书》《周易》《诗经》等文献资料结合起来，为古代史研究，尤其是商周史的研究提供了丰富的实证材料，记述和描绘了古代社会发展的景象。郭沫若从有文字的研究延伸到古代社会历史的研究，通过"诸家所已拓印

---

① 郭沫若. 中国古代社会研究 [M]. 石家庄：河北教育出版社，2000：9-10.

之卜辞""以新兴科学的观点来研究中国社会的古代"①，为中国古代史研究提供了新的研究思路。具体来讲，郭沫若以历史唯物论剖析《周易》，从渔猎、畜牧、耕种、工艺、贸易等社会生产活动中，找出社会形态的经济基础和相应的家族关系、政治组织等政治法律制度以及社会意识形态；通过《诗经》《尚书》来说明中国古代三皇五帝、尧舜禅让、大同之世的神话传说，结合考古资料，揭露远古社会面貌，进而推断中国历史同样经历由低级到高级的发展阶段；通过对古文献、甲骨文和青铜器铭文的研究，考证"奴、隶、婢、仆、童、妾"和"庶人"等的身份，第一次提出中国经历过奴隶社会的论断。《中国古代社会研究》一书运用大量丰富、可靠的史料论述，使得该书倡导的唯物史观研究方法具有很强的说服力，成为中国社会史问题论战最有影响力的著作。郭沫若把文字文献资料研究和实物资料研究有机结合起来，并给予唯物史观的分析方法，为史学研究树立了科学研究的典范，开创史学研究的新天地。

3. 坚持实事求是，在研究中不断自我修正和完善

郭沫若撰写《中国古代社会研究》一书时，对前人如王国维、罗振玉等的研究给予了很高的评价，并在前人基础上进行了开拓创新。在研究中，郭沫若根据历史资料和现实研究的结

---

① 郭沫若. 中国古代社会研究 [M]. 石家庄：河北教育出版社，2000：187.

果，不断剖析自身的研究，不断修正自己的观点，在研究中坚持追求真理的治学精神，成为史学研究的典范。虽然《中国古代社会研究》在现在看来仍然存在不足之处，如有些材料的时代性没有辨识，导致提出了一些并不符合历史实际的论断，但是并不影响此书在中国史学界的影响。《中国古代社会研究》开创了以唯物史观研究中国古代史的先河，在探求中国古代历史演进规律方面迈出了历史性的步伐，为运用马克思主义科学方法研究中国古代史树立了典范，获得了学界的广泛认同。大批马克思主义史学研究者正是在郭沫若先生开辟的史学研究成果上开拓前行，推动了马克思主义史学研究繁荣发展的局面。

（二）吕振羽与思想史、民族史研究的发展

吕振羽①是中国史学研究的大家，是 20 世纪 30 年代中国马克思主义史学研究的代表。吕振羽编写的著作《史前期中国社会研究》《殷周时代的中国社会》《中国社会史诸问题》《中国政治思想史》《中国民族简史》等对中国史学的研究产生重要的影响。

1. 《史前期中国社会研究》和《殷周时代的中国社会》的史学贡献

20 世纪 30 年代，吕振羽撰写了两部史学著作《史前期中

---

① 吕振羽（1900—1980），中国当代马克思主义史学家，湖南邵阳人。著有大量史学理论建设的著作和论文，辑入《史学研究论文集》《史论集》《吕振羽史论选集》。

国社会研究》和《殷周时代的中国社会》，这两部著作是 20 世纪 30 年代以唯物史观为指导写成的研究中国历史的著作。《史前期中国社会研究》1934 年于北平（现北京）出版，是吕振羽在中国社会性质问题论战和中国社会史问题论战中的代表性著作。当时思想文化领域正在开展中国社会性质的论战和中国社会史的论战，托派、新生命派对中国社会的历史进程大肆渲染波格达诺夫（A. Bogdanov）的"商业资本主义"，马扎亚尔派的"亚细亚生产方法"论歪曲中国社会历史的发展。为澄清各派的错误历史观，吕振羽以极大热情和心力投入历史研究，参与中国社会史论战。吕振羽撰写此书的目的："第一旨在给无人过问的史前期整理出一个粗略的系统，引起大家来研究；第二旨在说明中国社会的发展过程，和世界史的其他部分比较，自始就没有什么本质的特殊，而是完全有其同一的过程"①。《史前期中国社会研究》还将出土的文物与神话传说、民族学资料等有机结合起来，对中国史前社会进行了比较全面深入的研究。《史前期中国社会研究》在指导思想和史料的运用方面为中国古代史的研究开辟了一条新路，证明了中国社会历史发展符合马克思主义唯物史观关于世界发展的一般规律。《史前期中国社会研究》一书在中国社会史问题论战过程中有

---

① 吕振羽. 史前期中国社会研究（外一种）[M]. 石家庄：河北教育出版社，2000：8.

力地批评了否认上古史的疑古派和歪曲中国社会性质的"新生命派"和"动力派"，论证了马克思主义理论的普遍意义。

《殷周时代的中国社会》1936 年由上海不二书店出版。该书是吕振羽编写的关于殷周社会性质问题的专著。该书根据甲骨文、易卦爻辞、《尚书》等资料，结合出土的刻花骨、石刻器、象牙刻器、铜刻器等文物，论证殷周已经属于奴隶社会，生产力达到了相当的水平，另外，吕振羽还根据对西周的社会阶级、产品分配等制度的考察，提出了西周以后社会已经是"初期的封建社会"的观点。吕振羽在《殷周时代的中国社会》中关于中国奴隶制社会的论述，是对马克思主义社会发展学说的有力论证，是对托派、新生命派非奴隶制社会历史观的深入批判。吕振羽的研究"推动了中国古史分期研究的深入，推动西周封建说学术体系的不断完善和发展"①，为中国史学的研究确立新的路向。

2. 《中国政治思想史》和《中国民族简史》的学术贡献

到 20 世纪 40 年代，吕振羽又出版了《中国政治思想史》《中国民族简史》等史学著作，进一步拓展了古代史的史学研究。《中国政治思想史》是吕振羽以唯物论分析历代政治思想而形成的重要著作，在著作中，吕振羽将中国古代政治思想史

---

① 吕振羽. 史前期中国社会研究（外一种）[M]. 石家庄：河北教育出版社，2000：12.

划分为两个阶段，一是奴隶社会时期的政治思想；二是封建社会时期的政治思想。他以这两大时期的划分为基础，进一步具体阐述每一个具体时期、具体人物的政治思想、哲学思想，使思想派别的研究与其所处的时代背景和社会发展阶段紧密结合起来。例如，在分析儒家思想时，他具体分析以儒学为主干的历代政治思想的变化过程，对社会当中的阶级或阶层进行研究，从而比较科学地划分了统治阶级、没落阶级或阶层、被统治阶级的政治思想三条思想路线。《中国政治思想史》是从唯物史观角度研究中国思想史的开创性著作，对后人研究政治思想史有重要的参考作用。

《中国民族简史》在中国民族史研究上具有重要地位。在《中国民族简史》中，吕振羽纠正了过去著作中关于民族问题的错误论述，对中国民族问题进行了正确的说明。如他在初版的序言中对自己忽略马来人种的研究的错误，对历代封建统治者对国内人民和少数民族的所谓的正统问题、所实施的改良政策的实际意义的把握进行了反思。正是由于这种反思和求真的态度，吕振羽在撰写《中国民族简史》一书时，改正了过去的一些错误和不足。吕振羽还依据马克思主义社会形态发展学说，从社会经济形态、阶级关系和生产力发展演变过程和特点，考察了汉族的形成和发展，考察满、蒙、藏、回、维、彝、苗、黎等民族的发展史，这是民族史研究上的一大进步。

在研究中，吕振羽纠正了历史研究中对于少数民族的偏见，批驳了大汉族主义。另外，吕振羽坚持对历史史料的运用和科学分析，将调查资料、口述资料、文献资料有机结合起来，相互补正，形成了民族史研究的基本框架和内容体系，即民族的起源、形成、发展或衰落，居住区域或移动情况，体质、面貌、服饰、住所、风俗习惯、婚姻关系及礼仪、社会经济形态、政治制度，语言文字、文化生活、思想与宗教信仰，历朝民族政策及被压迫民族的反抗斗争，民族之间相互关系及各国民族关系基本特征等。吕振羽的研究不仅有利于推进民族平等、民族团结，许多观点也为以后的民族史研究所借用。

吕振羽在史学研究中大胆质疑，开拓创新，灵活运用马克思主义研究中国古代的历史资料，取得了创建性的成就，使他成为 20 世纪 30 年代中国马克思主义史学研究主要代表人物。

（三）何干之对经济史和思想史的研究及贡献

20 世纪 30 年代的史学研究中，何干之同样有着重要的贡献。何干之是在 20 世纪 30 年代中国社会性质问题论战、中国社会史问题论战中成长起来的马克思主义史学家。作为一名具有强烈时代意识的马克思主义学者，何干之积极关注并参与中国社会性质问题论战、中国社会史论战，并努力记录那些反映时代特征、引领学术前进的重要事实，总结与时代密切的重大历史事变，成就了其以现实为向导、关注当下学术变动的史学功业，其代表作有《中国经济读本》《中国社会性质问题论战》《中国社会史问题论战》《近代中国启蒙运动史》等，是对当时学术争论进行总结的重要研究成果，对后人研究这段历史具有重要的参考价值。

1. 《中国经济读本》及其史学贡献

《中国经济读本》是何干之从经济角度研究社会和历史的重要著作，也是何干之参加中国社会性质问题论战和中国社会史问题论战的第一本专著。1934 年，上海现实出版部出版何干之以杜鲁人为笔名撰写的《中国经济读本》，该书作为上海文化总同盟——社会科学家联盟"现实丛书"之一的联盟读物发行至各联盟组织，为哲学社会科学工作者们广泛接受。全书共有六章，采用理论与实际相结合的方法，既有理论的说明与分析，又有大量实际数据材料作为支撑。在研究目标上强调"始终企图以半殖民地性半封建性这个主题为经，以真实的材料为纬，使理论与实际纵横交错，把中国经济的真相和盘托出"①。在著作中，何干之不仅揭露中国社会是半殖民地化的半封建社会的社会性质，还指出中国社会这种性质的形成与帝国主义侵略、中国封建主义统治体系相联系。鸦片战争以后，帝国主义价格低廉的商品充斥中国市场，粉碎了传统落后的手工生产，

---

① 何干之. 中国经济读本 ［M］//何干之. 何干之文集：第 1 卷. 北京：人民出版社，1994：30.

使依赖其生存的封建制度也不断走向崩溃，然而处于崩溃之中的封建制度仍然影响着中国社会，军阀控制、地主搜刮、高利贷盘剥，这些都是封建势力变本加厉的表现。中国的民族产业虽然在夹缝中艰难发展着，但是在帝国主义和封建主义的双重压迫下，处在停滞、没落的过程之中。这种局面造成了"中国没有统一的市场，只有地方市场，只有经济上政治上的半独立区域，这是帝国主义侵略中国的必然现象"①。《中国经济读本》将马克思主义唯物史观具体运用于中国经济分析，揭示中国半殖民地半封建社会的性质，从学理上论证中国共产党领导民主革命的正确性，是一部具有现实性、政治性和学术性的著作。

2.《中国社会性质问题论战》和《中国社会史问题论战》的史学贡献

《中国社会性质问题论战》和《中国社会史问题论战》这两本书是何干之积极参与中国社会性质问题论战、中国社会史问题论战，有意识地观察记录和论战有关的各种细节以及有关重大事件，写成的对两大论战进行比较系统和科学的总结。这两本书也是20世纪30年代重要的史学著作，为后人了解两次论战提供重要的资料和借鉴。在这两本著作中，何干之首先肯定了两次论战对中国社会研究的重要意义，指出："为着彻底

---

① 何干之. 中国经济读本 ［M］//何干之. 何干之文集：第1卷. 北京：人民出版社，1994：71.

认清目下的中国社会，决定我们对未来社会的追求，……所有一切，都是为了决定未来方向而生出彻底清算过去和现在的要求。"① 首先，何干之认为两次的论战都是带有"清算过去社会的要求"，其目的是认清当时中国的社会实际与决定中国社会未来的走向，企图从学理上寻找中国发展的出路。其次，何干之也在著作中对马克思主义学者们在两次论战中的缺点做了分析，揭示中国社会发展道路独特性的重要意义。最后，何干之还对如何运用马克思主义指导中国社会历史问题研究提出自己的看法。对于当时学术界关于"亚细亚生产方式"的争论，何干之指出不应单纯从马克思主义的字句和公式出发，而应具体考察东方社会的情形，尤其注重生产方式的特点，在特殊情况下寻求社会发展的一般法则。这两部总结 20 世纪 30 年代两次论战的学术著作，也是其作为当事人撰写的当代史的著述，对中国共产党新民主主义理论做了学理、历史的论证，发挥了学术为实现政治斗争服务的作用，为正确研究中国社会，正确开展历史研究提供许多宝贵意见。

3.《近代中国启蒙运动史》及其史学贡献

《近代中国启蒙运动史》是何干之研究中国近现代史的又一力作，由生活书店于 1937 年出版发行。《近代中国启蒙运动

---

① 何干之. 中国社会性质问题论战 [M] //何干之. 何干之文集：第 1 卷. 北京：人民出版社，1994：186.

史》比较系统地研究了中国产生资产阶级以来的历史发展进程，阐明中国思想启蒙运动是资本主义运动兴起后的产物，是我国较早研究中国近代思想史的著作。

《近代中国启蒙运动史》具有以下几大特色：一是将五四运动作为区分新旧启蒙运动的标志。何干之认为五四运动以前的启蒙运动是自上而下的运动，是由官僚、士大夫和知识分子发动的，不是真正的启蒙运动；五四运动是中国资产阶级兴起的产物，是真正的思想启蒙运动。五四运动是以"科学"和"民主"为核心的新文化运动，是以"下层国民为中心"的新思潮运动，促进了中国共产党的诞生。二是将近代中国思想启蒙运动与中国社会变迁联系起来。何干之从经济、政治的变动状况来考察和说明。何干之认为思想启蒙运动是资本主义兴起的产物，在西方是如此，在中国亦是如此，"鸦片战争是新旧中国的转变点。鸦片战争以来，曾李的洋务运动、康梁的维新运动、辛亥反正的三民政策、'五四'时代的文化运动、国民革命时代及以后的新社会科学等，都是与一百年来中国社会的经济机构、政治形态，与中国资本主义互相适应的"①。何干之从社会经济、政治的变动来说明思想的变迁，侧重于从社会的物质基础方面来解读思想，是运用马克思主义唯物史观来研

---

① 何干之. 近代中国启蒙运动史（1925—1927）[M] //何干之. 何干之文集：第2卷. 北京：人民出版社，1994：336.

究思想史的典范。三是对近代中国重要的历史人物和重大事件
进行客观的评价。何干之在书中对洋务派的曾国藩、李鸿章、
张之洞等开展的洋务运动以及他们的历史局限做了深入分析和
客观的评价，指出其失败的根本原因；对康有为、梁启超、谭
嗣同进行客观公正、实事求是的分析，肯定他们的批判精神和
进步性，又指出其的局限性；对五四时期的陈独秀、胡适等人
也进行了客观评价，肯定了他们在新文化运动和五四运动时期
的历史贡献，同时也指出他们存在的"二元论"倾向。《近代
中国启蒙运动史》是 20 世纪 30 年代研究近代历史的重要著
作，特别是其对近代中国历史人物和历史事件进行客观、公正
的评价，这在当时来说是非常难得的。

　　总的来说，何干之对史学研究有着自己的学术特色和贡
献。一是重视从经济的角度来研究历史的发展，为历史学研究
提供重要的研究视角。何干之特别重视从经济研究入手，进而
研究中国革命理论问题和中国现代革命史。他强调研究社会的
政治制度和思想文化离不开经济关系，"政治运动是经济关系
的产物，有什么样的经济关系就有什么样的政治运动"①。何
干之通过对大量经济资料的分析，论证了中国经济的特点：半
殖民地性质、半封建性质。民族资本主义发展艰难，为探寻中
国革命道路提供重要的认识基础。二是重视中国近代思想史的

---

① 何干之. 何干之文集：第 1 卷 [M]. 北京：人民出版社，1994：158.

研究。何干之是较早研究中国近代思想运动的史学家之一，他用科学的观点评价洋务运动以来历次思想运动，并分析他们各自的代表人物、思想观点及其历史意义，系统梳理中国近代思想史的发展脉络。何干之还将五四运动作为新旧启蒙运动的标志，突出五四运动在近代中国思想史上的解放意义和价值。何干之为五四运动在近代启蒙运动史上的定位、为近代史的分析提供了有价值的思路，其观点一直为后来的中国马克思主义研究者们所继承。三是在研究历史中积极探索新民主主义革命理论。何干之以一个学者的使命和担当，在研究中国社会和历史过程中积极探寻变革中国社会的道路。在《中国的过去现在和未来》一文中，何干之以马克思主义观点分析封建社会逐步变为半殖民地半封建社会的过程，首次指出中国革命应该分"两步走"的思想，"一般殖民地半殖民地如中国、印度等，现阶段的革命形势是民主革命"，接着进行"社会主义革命"。何干之深入研究中国社会的历史和实际指出反对帝国主义和封建主义，领导新民主主义革命的阶级必定是工人阶级，革命主体是工农群众，革命政权是"工农民主主义"等关于中国革命的基本思路。何干之还指出中国革命必须经历的基本阶段和步骤：必须先完成民主革命，才能过渡到社会主义。因为如果不先通过这项预备工作，不先经过由民主主义到社会主义的过渡时期，最高级的革命形势不能建立起来。而且因为生产力水平不高，也必须取得工人专政国家的援助，社会主义建设才能顺畅地进行。[①] 何干之在史学研究中得出的这些观点，为中国共产党领导新民主主义革命的理论和实践工作进行了学术上的有益探索，也为中国史学研究和构建做出重要的贡献。

（四）华岗对大革命历史的研究和贡献

华岗是20世纪30年代成长起来的一位重要马克思主义史学家，他以大革命参加者和历史见证者的身份写成了《中国大革命史》，这本书在学术界有着重要影响。

《中国大革命史》写于中国大革命失败后不久，华岗以一名革命学者的态度和坚持将这段历史详细记录了下来，借以纪念死难的烈士，总结经验教训。他在严酷的环境中收集到的资料写成初稿遗失后，再次艰难地收集准备，最终写成30万字的《中国大革命史》，1931年上海春耕书店出版了这本书。全书分为六章，包括序言、中国大革命的性质与造因、中国大革命的预演、中国大革命的经过、中国大革命中的社会阶级、大革命中的中国共产党、结论。在书中，华岗从四大方面阐述了近代中国的历史演变、大革命的历史背景以及大革命的革命轨迹，构建起以"革命史"为中心的史学研究体系。

第一，客观分析革命发生的原因。在书中，华岗对鸦片战争以来帝国主义侵略的历史进行了客观分析，指出帝国主义侵

---

① 何干之. 何干之文集：第1卷［M］. 北京：人民出版社，1994：160.

略一方面刺激中国民族资本主义的发展，另一方面又与中国封建主义勾结阻碍资本主义发展，帝国主义的侵略"实际上乃是中国广大农民破产贫困的主要原因"①。华岗通过考察帝国主义、封建主义和中国民族资本主义三个对象得出重要结论，即帝国主义通过中国的封建势力实现对中国经济和政治的统治和剥削，严重阻碍中国民族资本主义的发展。因此，中国的革命不仅带有反对封建的"革命"性质，还带有反对帝国主义的"半殖民地革命"特征。

第二，指出无产阶级领导革命的必然性。华岗在书中阐明中国半殖民地的革命任务就是推翻帝国主义统治，取消其在中国的一切特权，实现民族独立，同时也要推翻封建主义的统治，从根本上摧毁封建地主土地私有制，为中国资本主义发展扫清障碍。而事实上中国民族资产阶级由于发生发展的不充分，带有软弱性，根本无法承担起领导革命的重任。因此，领导革命的重任自然就落到中国无产阶级肩膀上，"因为无产阶级是唯一的能够革命到底的阶级，只有无产阶级能够联合一切劳动者和被剥削者，起来做革命斗争"②。

第三，梳理近代以来中国反抗帝国主义的革命轨迹，剖析了大革命的"预演"过程。大革命是中国无产阶级领导下一场

---

① 华岗. 中国大革命史 [M]. 北京：文史资料出版社，1982：33.
② 华岗. 中国大革命史（1925—1927）[M]. 北京：文史资料出版社，1982：50-51.

彻底的反帝国主义反封建主义的国民革命运动。华岗认为在这场大革命爆发之前，也经历了革命的酝酿和预演，这个预演过程就是从鸦片战争到五卅运动之间的民族解放运动。华岗对五卅运动之前重大历史事件都进行了比较深入的考察和研究，对维新变法、义和团运动、辛亥革命、五四运动、香港海员大罢工等都进行了深入的分析，对这些历史事件和运动兴起的原因、过程、重要意义进行分析，以说明中国革命的社会基础与前提。华岗通过对中国革命过程的梳理，认为大革命发生具有一个"预演"的过程，这个过程就是"原始的反帝国主义的农民暴动，有名无实的资产阶级反抗君主贵族的辛亥革命，学生平民反抗帝国主义与卖国贼的五四运动，工人阶级争取自由的英勇斗争等"①。《中国大革命史》将近代中国的发生的重大事件放在中华民族解放运动的历史进程中来进行考察研究，突出这些历史事件在中国革命史上的地位，为研究 1925 年至 1927 年的中国大革命奠定了学术基础，是当时将革命史观科学运用到近代中国历史研究中的典范。

第四，重点描述了大革命历史过程，总结大革命的经验教训。华岗在书中重点阐述了 1925 年至 1927 年中国大革命的过程，阐述民族解放运动的性质和经验教训。在书中，华岗将五

---

① 华岗. 中国大革命史（1925—1927）[M]. 北京：文史资料出版社，1982：97-98.

卅运动本身看作"中国历史空前的民族革命运动"①，认为五卅运动推动了大革命的到来，后面的革命运动是在其基础上的发展，而且表现出民族革命运动的性质。华岗还将北伐运动看作五卅运动的"更进一步的发展"，因为五卅运动"中国工人阶级开始反对帝国主义斗争""中国无产阶级客观上已经在争取革命领导权"②。华岗在梳理大革命历史过程中也对大革命失败进行了经验总结，指出坚持无产阶级对革命的领导权，坚持与资产阶级进行斗争，才能推动革命的不断前进；坚持领导农民开展土地革命，解决农民的土地问题，才能彻底完成资产阶级民主革命。

华岗的史学研究体现一位马克思主义学者的时代担当。在大革命失败后他抓紧写出《中国大革命史》，其目的是总结中国革命，特别是大革命失败的经验教训，批判右倾机会主义和"左倾"机会主义。正如他在书中指出的："一来是保存历史真相，使真确史实得以流传；二来是总结历史的经验教训，以便后继者在取得许多具体历史辩证法的教训之后，能够更好地迎接新的伟大的战斗；再则也是为了纪念大革命中及大革命失败后成千上万为革命牺牲的英勇战士，使历史永远不要忘记这

---

① 华岗．中国大革命史（1925—1927）［M］．北京：文史资料出版社，1982：105.
② 华岗．中国大革命史（1925—1927）［M］．北京：文史资料出版社，1982：131.

些为人民的解放事业奋勇献身的先烈们。"① 在抗日战争时期，华岗还编写了《中华民族解放运动史》，"借以鼓舞抗日战争情绪，加强抗日民族统一战线，坚持民主抗战方针，反对中日妥协，避免重蹈过去民族抗战失败的覆辙"②。华岗的《中国大革命史》是研究中国大革命的一部开创性史学著作，以唯物史观来记述近代中国这段轰轰烈烈的历史，建立了以革命史为研究范式的中国近代史研究，将中国革命史的研究向前推进了一大步。除了《中国大革命史》，华岗还著有《中国民族解放运动史》《社会发展史纲要》《中国历史翻案》《太平天国革命战争史》《苏联外交史》等史学著作，对建构起以革命史为框架的史学研究范式发挥了重要作用。

（五）李平心对中国近代史的研究及贡献

李平心是近代的马克思主义史学家的代表，在长期探索和研究中，坚持以马克思主义方法指导革命史研究，写成《中国近代史》和《中国现代史初编》两部著作。李平心在运用唯物史观研究中国近代史方面有开拓之功。《中国近代史》1933年由上海光华书局出版，此书弘扬了20世纪30年代中国社会性质问题论战和中国社会史问题论战中马克思主义学者的核心

---

① 华岗．中国大革命史（1925—1927）［M］．北京：文史资料出版社，1982，自序．

② 华岗．中国民族解放运动史：自序［M］．上海：生活·读书·新知三联书店，1951：1．

观点，使中国马克思主义者关于中国社会性质的学术观点在近代史研究中得以具体体现，成为 20 世纪中国最早运用唯物史观撰写的一部完整的中国近代通史著作，也是中国近代史研究体系形成的重要标志。

李平心著书的目的与当时严重的民族危机和自身强烈的使命感密切相关。按他自己的说法，著书"就是要说明国际资本主义侵入中国以来中国社会经济、政治所引起的重要变化，中国民族殖民地化过程，以及在此过程中所发生的社会阶级之分化与革命斗争的发展起落"①。在书中李平心对中国近代史做了比较深入而全面的分析，为后人研究和了解中国近代史提供丰富的资料和研究借鉴。

1. 运用阶级理论分析中国近代史

运用阶级斗争理论分析近代中国历史演变的过程，认为近代史就是一部帝国主义入侵中国的历史。近代以来帝国主义对中国的入侵一方面使中国的国民经济屈服在国际资本的铁骑之下，使中国灾难日益加深，另一方面加速了中国社会阶级的分化，旧生产关系的统治者和帝国主义相勾结，受帝国主义和封建势力压迫的阶级也逐渐站在一条战线上。中国革命任务就是要反对帝国主义和本国旧的生产关系，"这就是中国近代历史

---

① 李平心. 中国近代史［M］. 上海：光华书局，1937：5.

发展过程中的必然变化"①。李平心在《中国近代史》中按照时间顺序将帝国主义对中国侵略的历史进行了详细梳理，研究中国殖民地化的过程，发掘其中的历史线索，揭露国际资本的财阀怎样吸食中国人民血汗来满足他们的私欲，如何驱使他们的傀儡爪牙榨取中国广大劳动人民，研究中国被压榨的劳苦大众如何利用自己的力量反抗资本帝国主义和中国封建势力残酷的剥削与压榨。《中国近代史》对人民群众认识帝国主义和旧势力的压迫，激发爱国热情具有重要作用。

2. 高度肯定人民群众在中国近代历史中的主体地位

李平心的《中国近代史》强调以"新史学"（唯物史观）为指导进行中国近代史的研究，偏重历史意义之事实，如农民运动、大众反帝斗争、工人政治斗争，帝国主义之间的对立与阴谋等，对传统的史学研究中的名人言行、宫廷政变、官吏罢黜、政府组织，则概从略。因此，在书中李平心高度颂扬人民的革命斗争精神和反侵略的勇气。在书中，对三元里人民抗英斗争、太平天国运动、义和团运动等群众运动进行客观全面的历史评价。李平心站在人民群众的立场研究历史，表现出鲜明的无产阶级政治立场和强烈的批判精神。

3. 重视总结历史经验教训，为新民主主义革命提供经验借鉴

史论结合是《中国近代史》一个重要的亮点。李平心在研

---

① 李平心. 中国近代史 [M]. 上海：光华书局，1937：10.

究中对各个阶段的历史特点和历史教训都进行了详细的分析，以满足当时革命战斗的需要，使学术自觉服务于现实斗争。在书中，李平心对太平天国运动、义和团运动、维新变法运动都从正反、主客观方面进行了客观评价，对大革命后中国共产党领导的南昌起义、秋收起义、广州起义也进行了客观分析，认为南昌起义失败"除了军事方面的战略错误而外，在政治方面主要缺乏广大工农群众为基础，更没有发动土地斗争，造成了一个单纯的军事投机"①。李平心将近代史的演变和发展作为研究的主要内容，其目的是为中国共产党领导的新民主主义革命提供经验借鉴。在《中国近代史》一书中，李平心坚持用辩证的、阶级的分析方法，将中国历史进程纳入世界大背景中进行历史考察，努力揭示中国近代历史演变的规律，构建起一种全新研究中国近代史的体系，勾画出中国近代以来的历史图景，客观反映当时的国情，成为人民群众认识历史、了解国情最好的史学著作之一。

第三节　马克思主义传播与中国史学研究的成熟

在抗日战争时期和解放战争时期，中国马克思主义学者们

---

① 李平心.中国近代史 [M].上海：光华书局，1937：392.

面对着日本帝国主义的侵略和反动政权的残酷统治，以科学的态度研究中国的历史，总结经验教训，同时发掘中国优秀文化，凝聚民族力量，显示出中华民族对历史前途的信心，激励了全国人民，特别是青年一代反抗日本帝国主义和反动势力的斗志。1938 年，在陕北建立了抗日民主政权的中国共产党，在延安成立了马克思列宁学院，吸引了学者的目光，国统区不少学者克服了重重困难到达延安，其中便包括许多重要的史学研究大家，他们为延安马列学院历史研究室的创建做出重要贡献。翦伯赞、范文澜、侯外卢、尹达等成绩显著。

一、翦伯赞对中国史学研究的总结和提升

翦伯赞在中国史学发展上有突出的地位。在 20 世纪 30 年代的中国社会性质问题和中国社会史的论战中，翦伯赞积极学习马克思列宁主义并参与了论战。在论战中，翦伯赞发表了《中国农村社会之本质及其历史的发展阶段之划分》、《前封建时期之中国农村社会》（上中下）等文章论证中国社会半殖民地半封建社会性质。1936 年起，翦伯赞开始撰写《历史哲学教程》一书，该书于 1938 年由新知书店在长沙出版。这是一部系统而具有学术深度的中国马克思主义史学理论著作。《历史哲学教程》是 20 世纪 20 年代以来，史学理论的一次总结，从哲学层面考察了史学理论的问题，标志着中国史学理论研究

建设走上高度的自觉。

（一）《历史哲学教程》主要内容及贡献

《历史哲学教程》共分为六个章节，在第一章绪论部分主要说明了三个问题：一是历史科学的任务，二是历史科学之史的发展，三是历史科学的阶级性。翦伯赞指出：历史自身不是一种属于和平进化的、自然的、自发的运动，而是从人类生活斗争中发展出来的产物。因此，翦伯赞认为历史科学是以说明人类生活斗争的实践及其发展为任务的"现实的及实证的革命科学"。翦伯赞阐述历史科学的阶级性，认为历史科学主要是对先行时代的诸多事实进行分析与批判；同时，也反映着现代社会相互对立着的诸种倾向与其意识形态。关于历史科学的任务，翦伯赞认为不在歌颂某一民族或阶级的胜利，而必须同时指出站在胜利民族或阶级对面失败民族或阶级的历史遭遇，进而揭露社会中各民族与各个阶级之间生活冲突的根源，给予现在正被压迫中的民族或阶级最深刻的经验教训，使他们从过去历史失败的原因中获得成功解放斗争的启示。研究历史是为了指引正在被压迫中的艰难活着的人民群众，是为了改变他们历史命运而研究历史。历史科学的发展，是从神学史观到玄学史观，从超现实观念的历史到历史科学。历史科学具有阶级性，如果否定历史科学的阶级性，就等于否定历史本身，使历史离开现实的真理，成了背离现实的"知道任务的游戏"，甚至把人类全部历史变成一种神话。

第二章主要讲述历史发展的合法则性。所谓历史的合法则性，即关于历史上各时代社会经济形态的构成、发展、崩溃以及由一形态向另一形态转化的一般规律及其特殊的形势。接下来的第三章、第四章、第五章分别讲述了历史的关联性、实践性和适应性。

第三章是历史的关联性。作者把历史的关联性分为时间、空间以及客观条件与主观创造三方面来叙述。关于历史时间关联性，翦伯赞认为历史在时间上不是"一瞬间的断面"，而是向着一个继起发展的总的前程进行。一切依次继起的历史状态不过是一大历史运动行程中诸历史阶段相续发展的诸过程。在各个历史发展过程中，存在着严密的依存性、制约性。关于历史空间的关联性，翦伯赞认为各个民族的历史，绝不是孤立地存在于世界史的体系之外；反之，只是作为世界史构成之一部或一环而存在着。关于历史的客观条件和主观创造之间的关联，翦伯赞认为是统一而不容分离的。翦伯赞反对过去封建时代历史家对于特殊个人对历史所起的作用进行夸大，也反对现在机械论的历史家否认个人对历史的影响作用。

第四章为历史的实践性。在这一章中，翦伯赞侧重对历史的实践特征做出说明，指出历史的实践对象是自然，历史的动因是内在的。翦伯赞认为历史的法则从实践中概括出来，又要回到实践中去，历史法则的抽象不能从现实的历史中脱离。观念论者不论是神学还是实验主义的，都是将神学或是理性一类的名词作为历史的准则，或是将现实的历史归纳于人类的理性之下。翦伯赞在驳斥观念论者的基础上，指出人类历史发展的基础是物质生活的生产以及这生产的诸条件——物质的生产力，而作为物质生产力之推动力的，又是人类在实践生活上的斗争。接着，他讨论了作为历史实践前提的人类与自然，指出不同历史阶段中人与自然的关系，强调历史的动因不是人类的"意欲"或是理性，而是历史背后的生产力和生产关系的变动。

在第五章中，翦伯赞提出历史的适应性问题，即社会经济基础与上层建筑之辩证的统一问题。翦伯赞反对历史的观念论者把社会上层建筑之意识形态，升华为一种超现实、孤立的东西，使之从历史最根本的发展过程中浮离出去，脱离社会生活的斗争，并企图由此证实意识形态的本身之独自存在性与绝对永恒不变性。同时，作者也反对机械论者完全否认意识形态乃至政治形态，对现实的社会经济基础所起的反作用，以及政治形态和意识形态相互影响的作用。翦伯赞认为，意识形态的发展，首先是依据历史上各时代的社会物质基础决定的；其次是由生产力和生产关系的辩证发展决定的。意识形态的发展是人类各集团以集中的方式，表现着人类对客观现实认识的发展和过程。同时由于意识形态是从一定的社会经济基础上反映出来的，所以也就必然随着经济基础的发展与变革而变化。随后，翦伯赞用大量笔墨分别讲述了适用于前先阶级社会、奴隶所有者社会、封建社会、资本主义社会和目前伟大的历史变革之上的上层建筑诸形态，说明了不同的社会环境下，人们的意识形态和历史观的转变。

该书的最后一章是关于中国社会形势发展史的问题。翦伯赞总结了各家对中国史划分的见解，针对留下来的若干问题，翦伯赞随后在该章的最后一小节提出了自己的见解。第一个问题是中国是否存在过亚细亚生产方式的时代？对于这一问题，翦伯赞在第二章历史发展的合法则性中，就已经对所谓亚细亚的生产方式作出阐释，认为其并不是一种属于古代"东方的"法则，不是一种特殊历史阶段，更不是一种先于古代的社会构成，或氏族社会与奴隶社会的一种过渡形态，但是，不能就此武断地说它没有独特的存在于人类历史发展的过程中。实际上，它确实是人类历史发展过程中一种富有独特形式的奴隶制的社会构成，它不仅存在于古代中国和埃及，也同时存在于俄国、日本、印度，它是古代希腊、罗马以外的一种普遍存在的奴隶制变种。第二个问题是中国有没有奴隶社会？翦伯赞认为任何社会的产生都是生产力发展到一定阶段之必然的结果，生产力是决定历史发展之必然性和继起性最基础的东西。所以奴隶社会也不能例外于这一历史的原理。第三个问题是中国封建社会长期停滞不前的原因是什么？翦伯赞则认为中国封建社会并非停滞在同一水平上，而是处于不断发展之中。只不过发展的速度相比于西欧而言较为缓慢。

（二）《历史哲学教程》主要特点和贡献

1. 体现翦伯赞为国为民的学者担当

《历史哲学教程》是一部系统阐述历史问题的学术著作，同时也是一部为配合抗日民族解放战争的伟大斗争而撰写的著作。翦伯赞指出"历史哲学的任务在于从一切错综复杂的历史事变中去认识人类社会各个历史阶段的发生发展与转化的规律"[①]。翦伯赞以一名学者的历史担当指出写作此书的目的：一是为参加抗日民族解放战争的人民群众提供有力的思想武器。翦伯赞指出，"现在，我们的民族抗战，已经把中国历史推到崭新的时代，中华民族已经站在世界史的前锋，成为世界史转化的动力。为了争取这一伟大的历史胜利，我们认为绝不应使理论的发展，落在实践的后面"，"必须以正确的活的历史原理，作为这一伟大斗争的指导，使主观的努力与客观情势的发展，相互适应"[②]。二是澄清政治战线和思想战线上的混乱状态，为历史科学提供马克思主义理论的指导。抗战时期，在抗日民族统一战线的内部隐藏着失败主义和悲观主义等倾向，

---

① 翦伯赞．历史哲学教程：序［M］．石家庄：河北教育出版社，2000：5.
② 翦伯赞．历史哲学教程：序［M］．石家庄：河北教育出版社，2000：3.

在史学理论战线上，散布的各种错误的理论，严重歪曲马克思主义唯物史观。这些错误思想在政治、经济和学术上造成了极大的混乱和恶劣的影响。从历史学领域澄清这种谬误就变得势在必行，"从历史哲学上去批判过去及现在许多历史理论家对中国历史之一贯错误见解，及其'魔术式'的结论，是我们不可逃避的任务"①。翦伯赞以一个马克思主义学者的责任担当，指出了史学研究为国为民、经世致用的特征。

2. 坚持以马克思主义指导史学研究体系的建构

翦伯赞非常重视历史科学的阶级性研究。对史学上各个阶段所产生的神学世界观、玄学世界观和各种资产阶级唯心主义世界观的产生原因都做了客观科学的分析。翦伯赞运用历史唯物主义原理阐述了"历史发展的合法性""历史的关联性""历史的实践性""历史的适应性"，批判了从梁启超到胡适、陶希圣在史学研究中的错误，指出中国历史发展的合规律性，中国历史发展与世界历史发展的联系性，对阶级斗争的历史作用、人民群众的历史地位做出了科学论述，坚持了马克思主义关于人民群众创造历史的理论。

3. 在批判各种史学流派基础上阐述科学的史学见解

《历史哲学教程》同时也是一部针对中国社会史问题论战而写的著作，因此，这本著作行文论述充满着较强的论战色

———————
① 翦伯赞. 历史哲学教程：序 [M]. 石家庄：河北教育出版社，2000：4.

147

彩，洋溢着革命者的批判精神。翦伯赞有力地批判了中外各派史学家关于中国社会历史发展阶段上的具体论点或者体系上的错误。翦伯赞批评了胡适、顾颉刚等打着"疑古"旗号，完全否认商代至周代的中国古代史，揭示其企图从中国历史体系中完全否认原始社会和奴隶社会的存在；翦伯赞也对郭沫若的学术观点进行了批评，认为郭沫若在历史发展阶段的划分上把西周以前划归原始社会、西周划归奴隶社会、春秋以后划为封建社会、近百年中国划归资本主义制等论点没有看到中国历史的特点，在方法论上陷入公式主义的泥沼。翦伯赞对吕振羽的学术观点也进行了批评，批评其在封建制分期上，不能明确说明各个阶段的发展与突变，认为其"循环的公式"带着"形式化的危险"。[①] 翦伯赞的学术研究在批判的基础上，站在马克思主义的立场，依据大量考古资料，提出了自己对中国历史的见解：一是肯定中国原始社会的存在；二是肯定奴隶制的存在，并提出了殷商奴隶制的观点；三是提出西周封建论的观点；四是分析了封建社会长期性的问题。这些结论是翦伯赞探索中国古代史的开创性成果，对后来的史学研究影响深远。

二、侯外庐思想史研究的开拓和贡献

侯外庐是 20 世纪 40 年代成长起来的重要的史学大家，在

---

① 翦伯赞. 历史哲学教程：序［M］. 石家庄：河北教育出版社，2000：224-227.

中国马克思主义学术史上有重要的历史地位。侯外庐在 1936 年之前主要从事经济学的研究，曾与王思华合作翻译《资本论》，前后花费 10 年时间，奠定了自己从事学术研究的理论基础。1936 年至 1941 年，侯外庐从经济学研究转向历史学研究。他坚持以唯物史观为指导，来研究中国古代史，曾写出《中国古代社会与老子》《社会史论导言》《中国古代社会史论》等著作，在社会史研究方面独树一帜，卓然成家。之后，侯外庐转入思想史研究领域，以社会史的见地剖析中国古代思想演变历程，相继写出《中国古代思想学说史》《中国近世思想学说史》等系列性著作，开创了从社会史角度研究中国古代思想史的新路，成为中国史学研究的杰出代表。

侯外庐在完成了《中国古代社会史论》之后，相继出版了《中国古代思想学说史》《中国近代思想学说史》等专著，其治学的重点开始转到思想史方面。侯外庐的思想史研究有诸多特点，但最为显著的是提出"社会历史的演进与社会思想的发展关系何在"的命题。他本人也是在社会史研究取得成就的基础上转入思想史研究，因而主张思想史研究必须以社会史为基础。在他看来，研究思想史，必须以社会史的背景作参考，并认为这种方法是以马克思主义为指导思想史研究的基本原则。

侯外庐的《中国古代思想学说史》强调社会存在对人们思想观念的影响，在分析思想史的变迁时具体阐释了思想观念产生、变化的社会根源，重点说明生产方式、社会制度的变革对人们思想观念的影响。譬如，侯外庐按照中国社会史的发展阶段，论述了各社会阶段的思想发展，坚持社会史和思想史相结合的方法，着重说明经济基础与上层建筑、意识形态之间的辩证关系。他在论述每一时代思想观念发展状况时，先分析其阶级根源和社会制度的变化，力求说明社会思想变化的社会根源，将历史唯物主义原理自觉地贯彻到研究工作之中。

侯外庐在自己的著作中，不仅以事实根据作为基础，而且在历史联系的纵横性上下功大，强调思想史研究的"横通"与"纵通"的比较，积极地展示思想发展图景的研究方法。侯外庐指出："对中国思想史的研究，我以社会史研究为前提，着重于综合哲学思想、逻辑思想和社会思想（包括政治，经济、道德、法律等方面的思想）。应该指出，哲学史不能代替思想史，但是，思想史也并不是政治思想、经济思想、哲学思想的简单总和，而是要研究整个社会意识的历史特点及其变化规律，所以我的研究既注意每种思想学说的'横通'（即它与社会历史时代的联系），又注意它的'纵通'（思想源流的演变），既注意思潮，也注意代表人物。"① 这是同期其他思想史著作在广度深度上难以相比的，与同一时期的马克思主义史学家相比也是比较突出的。总的来看，侯外庐的《中国古代思想

① 侯外庐. 侯外庐史学论文选集：上册［M］. 北京：人民出版社，1987：11.

学说史》，不仅对思想史上相互对立的思想流派的具体思想内容进行详细分析，还联系社会历史的发展具体条件，从理论逻辑和社会变化等方面，客观地分析和叙述思想意识形态的社会作用。可以说，侯外庐结合政治史、经济史等研究中国古代思想史，为后人研究整个中国悠久历史提供了科学思路，即从政治、经济、社会和文化发展的大背景出发。

三、范文澜对中国史学研究体系建构的影响

范文澜是在马克思主义史学研究上与郭沫若齐名的史学研究的大学者。在史学研究的过程中，范文澜从一名旧时代的知识分子逐渐转向了马克思主义学术研究，在抗日战争的军事斗争实践中，踏上研究马克思主义的"康庄大道"，为中国马克思主义史学的发展做出巨大贡献，成为当时最为出色的马克思主义史学家之一。20世纪40年代，范文澜组织延安马克思列宁研究院历史研究院的学者编写《中国通史简编》奠定中国共产党古代史学研究的体系和基本框架。1944年编撰的《中国近代史》论证了近代中国沦为半殖民地半封建社会的过程，厘清了中国近代史线索，确立了中国近代史研究的学术体系。范文澜将中国历史的发展与中国前途命运的研究，与世界历史发展的研究紧密结合起来，从中探寻一般规律。他指出："我们要了解中华民族的前途，我们必须了解中华民族过去的历史；

我们要了解中华民族与整个人类社会共同的前途，我们必须了解这两个历史的共同性与其特殊性。只有真正了解了历史的共同性与特殊性，才能真正把握社会发展的基本法则，顺利地推动社会向一定目标前进。"①

在《中国通史简编》中，范文澜将马克思主义关于人类社会发展的一般规律运用于中国历史的研究，同时积极揭示中国社会发展的特殊规律和各个阶段的不同特点。范文澜对中国社会历史的分期做了一些界定，如他认为春秋战国时期是列国兼并征战时代，秦汉时期是大一统对外扩张时代，三国时期则是内战时代，两晋时期是外族入侵时代，唐朝时期是封建制度发展时代，北宋时期是封建社会进一步发展时代，清朝时期是外族统治、严格闭关、社会停滞、西洋资本主义入侵时代，等等。范文澜注重历史的分期研究，指明了中国历史上的王朝之间的联系及更替变革的轨迹，将历史发展的阶段性特征和一般性规律统一起来。另外，坚持用马克思阶级分析的方法，从中国历史上生产关系的变化说明阶级的变化，以阶级斗争发展说明历史演进，指出"整部历史只是阶级间、阶层间相互斗争联合的历史"。在书中，范文澜将封建社会农民阶级对地主阶级的反抗斗争看作社会历史发展的动力，指出从秦朝末年的大泽乡起义到清末太平天国运动，两千多年的封建社会中，中国农

---

① 范文澜. 中国通史简编 [M]. 北京：华北新华书店，1948：1.

民起义几乎从未停止，其根本原因就是统治者对劳动人民的残酷压迫从未停止。范文澜的研究对阶级斗争推动历史发展的作用给予很高的评价，纠正旧史书站在阶级立场批评农民起义的观点。《中国通史简编》非常注重史料的收集和整理，对许多有参考价值的诗歌、地方志、歌谣、小说等都进行了集中梳理和文字的精心加工，使著作通俗易懂，深受读者的喜爱。

　　《中国通史简编》将人民群众作为历史的主人进行书写，具有鲜明的特征。按范文澜自己的说法就是将劳动人民作为历史主体进行书写，否定旧史书以公卿王侯作为主人的观点；范文澜在书中按照社会一般规律划分中国的历史段落，范文澜坚持以阶级斗争为基本线索，论述封建社会地主阶段如何压迫农民，使农民被迫起义。与旧书诋毁农民起义的态度截然不同，该书注重收集生产斗争的材料，以此证实社会发展；书中论述从秦汉以来的中国社会以统一为主，在统一的封建社会下，政治上的稳定、经济上的发展、文化上的交融，促使中华民族在特定的历史条件下形成不同于资产阶级民族的民族共同体。《中国通史简编》在延安出版后，很快在全国大量出版发行，对近代史学体系的建构做出巨大贡献。

第四章

马克思主义传播与中国经济学的发展

19 世纪，发端于西方的全球化浪潮给中国带来剧烈冲击，中国被迫参与全球化进程。在深重的民族危机下，外国各种学说、思想被中国知识分子看作救亡图存、民族振兴的良方，"向西方学习"成为近代中国思想演变和学术发展的主线。在这个过程中，中国知识进步分子并没有仅仅满足于被动地接受知识，而是以崇高使命感主动学习和探索，积极将西方经济理论学说、研究方法与中国本土的经济实际相互融合，开展了西方经济学说中国化的探索尝试，形成有中国特色的经济学研究早期成果。进入 20 世纪，随着马克思主义在中国传播和世界上首个社会主义国家苏联的建立，一个全新的学科领域开始崭露头角，即以社会主义生产关系为研究对象的社会主义经济学应运而生。然而，彼时中国还处于半殖民地半封建社会的束缚之下，中国进步知识分子对于社会主义社会的认识还处于朦胧探索阶段。五四运动以后马克思主义政治经济学广泛传播，中国学者对经济学的研究进入新的阶段。20世纪20年代末30年代初，马克思主义理论工作者在论述马克思主义政治经济学资本主义部分时，也以苏联经济为对象研究社会主义经济学，企图从中寻找中国经济的发展出路。主要代表人物是沈志远、狄超白、蔡丹华、陈启修等，他们通过深入研究揭示了从资本主义向社会主义过渡时期的内在规律及其与社会主义的本质差异。他们不仅探索了社会主义制度产生的必然性，还对计划经济的内在规律性、必要条件、表现形式、具体内容、实施方法以及社会主义的经济范畴展开研究，同时指出解决中国落后的办法就是实行主要生产资料公有制，实行计划经济，提高劳动生产率。

　　20世纪30年代发生的中国社会性质问题论战和中国农村社会性质论战对经济学发展有重要影响。论战的核心议题在于中国到底是一个什么性质的国家；帝国主义、封建主义，民族资本主义，在中国经济中居于何种地位；外国资本主义入侵对于中国社会经济变动究竟起什么作用；封建势力在中国是否仍然存在，影响有多大，以及中国民族资本主义的发展程度问题。中国农村社会性质论战是中国社会性质问题论战的延伸和深化。中国学者通过这场论战，进一步认清中国的社会性质以及中国革命的性质：中国是半殖民地半封建社会，而不是资本主义社会；中国革命不是社会主义革命，而是新民主主义革命。这场论战也为中国马克思主义政治经济学的发展提供了契机，使马克思主义经济学家钱俊瑞、薛暮桥、孙冶方等接受了锻炼，获得成长，并产生了一批有影响力的经济学著作，中国的马克思主义政治经济学也开始了新的发展历程。

第一节　马克思主义经济思想的早期传播与发展

20 世纪初，科学社会主义经济理论传入中国之前，中国进步知识分子寻求强国复兴的理论探索一再失败。晚清封建统治阶级开明派提出"师夷之长技以制夷"；洋务派提出"中体西用"等经济主张，是以中国古代传统经济思想为主体，无法挽救封建社会败亡的命运；资产阶级改良派（立宪派）康有为、梁启超和张謇等人照搬西方资产阶级理论，也最终走向没落；而以孙中山为代表的革命派系统提出以西方经济理论为基础的民生主义经济思想，堪称中国共产党成立之前中国最先进的经济思想体系，但辛亥革命失败证明资产阶级革命派无法在政治上取得成功，其经济思想也难以引领中国走上独立富强的道路。五四运动前，经济学研究以资本主义经济学思想为主，主要目的是寻求民主、科学救国道路；五四运动后，经济学研究与马克思主义政治经济学结合起来，在批判资本主义制度的前提下寻找社会发展的道路。

一、马克思主义学者对马克思主义经济思想的介绍

马克思主义经济学在中国早期传播以李大钊为代表,陈独秀、李达等也做出巨大贡献。李大钊是最先接受马克思主义的代表。他在 1919 年主编《新青年》时,开辟"马克思主义研究"专号,十月革命胜利的消息传到中国,李大钊发表了《我的马克思主义观》,对马克思主义基本思想包括其政治经济学思想进行了科学评价。李大钊认为马克思之前的社会主义者的主张偏重情感和空想,"未能造成一个科学的理论与系统",马克思以科学的论述"把社会主义的经济组织的可能性与必然性,证明与从来的个人主义经济学截然分立,而别树一帜,社会主义经济学才成一个独立的系统"[①]。因此,李大钊也将马克思称为"社会主义经济学的鼻祖"。在文章中,李大钊对近代经济学各学派的观点和地位进行了科学评价,认为"从前的经济学,是以资本为本位,以资本家为本位。以后的经济学,要以劳动为本位,以劳动者为本位了"[②]。他还揭露资本帝国主义经济上的掠夺性,并阐述社会主义经济制度的特征,提出了从资本主义向社会主义的过渡思想。同年,《晨报》副刊在李大钊的主持下开辟了"马克思主义研究"专栏,连载了马克思的《劳动与资本》(《雇佣劳动与资本》)译文,接着又连

---

① 李大钊. 李大钊全集:第3卷 [M]. 北京:人民出版社,2013:4.
② 李大钊. 李大钊全集:第5卷 [M]. 北京:人民出版社,2013:4.

载卡尔·考茨基（Karl Kautsky）的《马氏资本论释义》（《马克思的经济学说》）译文。李大钊是五四时期传播马克思主义经济学的代表人物，是中国马克思主义经济学发展史的先驱者。

陈独秀也是传播马克思主义经济学的重要先锋。1922年，他发表论文《马克思学说》和《社会主义批评》，从剩余价值的生产过程和实质，剩余价值的分配和利息、地租的来源以及资本主义的历史趋势，对《资本论》做了较为详细的介绍。陈独秀高度评价马克思在经济学史上的地位，他将马克思在经济学上的贡献与亚当·斯密（Adam Smith）进行比较，认为马克思的剩余价值学说是马克思作为经济学家的重大贡献。陈独秀特别强调剩余价值理论的意义，称赞马克思的经济学"是在说明剩余价值之如何成立及其实现"的学说，预示了资本主义必然灭亡的历史趋势。陈独秀作为新文化运动的领袖，在思想文化界有着巨大的影响力，他对马克思经济学说的介绍对当时进步青年产生重大影响，对马克思主义经济学思想传播发挥巨大推动作用。

二、思想理论的争论与马克思主义经济思想的传播

五四运动之后，马克思主义得到迅速传播，但也遭到不少知识分子的质疑和反对，由此引发学术上的争论。包括问题与主义之争、社会主义之争与无政府主义的论战。

　　问题与主义之争是以李大钊和胡适为代表的马克思主义与实用主义之间的争论。争论的实质就是以何种思想来指导社会变革以及如何进行社会变革。胡适从实用主义立场出发，否认社会科学理论的客观真理性，反对通过社会革命根本解决中国社会问题，主张只可以对一个个具体问题进行研究，做一点一滴的改良。李大钊主张用社会革命的办法为中国发展创造条件，认为中国社会"必须有一个根本解决"，然后才能解决其他问题。因为经济问题是基础性、根本性问题。只有解决了经济问题，那么政治问题、法律问题、家族问题、制度问题、伦理道德问题都可以比较顺利地解决。李大钊在论战中高举马克思主义的旗帜，从经济基础决定上层建筑的原理出发提出改造中国社会的看法，要求对中国社会进行根本的改造，而不能满足于"一点一滴的社会改良"，并指出马克思主义政治经济学对中国经济变革和政治改造的重要意义。问题与主义之争是不同主张之间的一次理性探讨，争论对早期马克思主义者产生了重大的影响，是马克思主义中国化思想的最初萌发的标志。

　　社会主义论战是早期马克思主义者陈独秀、李大钊、李达等与基尔特社会主义者张东荪等进行的思想和学术之争。争论的焦点是中国走什么样的社会发展道路的问题。在论战中，张东荪等把中国长期贫困和混乱的原因归为"无知病""外力病"等，否认进行革命的必要性，否认成立工人阶级政党的必要性。陈独秀认为要实现中国广大人民群众的解放，使中国人都过上"人的生活"，必须废除资本主义生产制度而采取社会主义的生产制度，"因资本主义生产制下，无论资本家是外国人，或是本国人，决不能够使多数人'都'得着人的生活"①。李大钊也认为中国要发展经济，振兴实业，必须走社会主义道路。他指出："中国不欲振兴实业则已，如欲振兴实业，非先实行社会主义不可。"② 在论战中，中国早期的马克思主义者揭露了资本主义的弊端，看到资本主义制度下西方社会出现不可克服的经济危机，中国在西方资本主义和本国封建势力的压迫之下，不可能走上正常的资本主义发展道路。因此，中国社会发展的出路不可能是资本主义，中国只有争取社会主义前途，才能为中国的经济发展开辟道路。通过这场论战，扩大了科学社会主义在中国的影响，也为中国共产党的成立做了思想准备。

无政府主义论战是陈独秀、李大钊等早期的马克思主义者与无政府主义者进行的一场论战。1919年年初，以黄凌霜、区声白为代表的无政府主义者，在《进化》等杂志上连续发表文章，攻击马克思主义，反对阶级斗争和无产阶级专政，宣扬无国家、无政治、无法律，鼓吹建立"无政府党"。论战的焦点虽然是关于中国是否要建立无产阶级专政的问题，但这场论战涉及经济学中的两个具体问题。一个是关于生产究竟应该采取

① 陈独秀. 陈独秀文集：第2卷 [M]. 北京：人民出版社，2013：85.
② 李大钊. 李大钊全集：第3卷 [M]. 北京：人民出版社，2013：354.

何种形式进行的问题。无政府主义者在政治上主张个人绝对自由，反对国家、法律，反对任何强权，在经济上主张废除一切生产资料的私有制形式的同时，反对生产的任何集中和计划。无政府主义者的思想违背了社会发展的规律。李大钊指出现代社会是复杂的整体，社会生产必须有组织地进行，强调个人的绝对自由非把社会弄到破产的境地。针对无政府主义者在政治上要求绝对的自由，在经济上则主张"可以自由联合，公议生产事业，断不至于有这样过剩或不足的情形发生"的观点，陈独秀依据马克思主义理论观点，指出无政府主义经济观违背社会经济发展的现实，不能解决现代社会复杂的经济问题。陈独秀批评无政府主义者妄图用没有强制力和约束力的自由联合来应付最为复杂的中国近代经济问题。这一设想不仅无法使中国的农业、工业完成社会化，也无法调节生产使生产不致过剩或不足；不仅无法制裁各生产团体使之不致互相冲突，也无法转变手工业为机器大工业，更加无法统一管理全国交通机关。所以，陈独秀认为无政府主义主张不仅在政治上走不通，而且在经济上也是走不通的。二是关于个人消费品如何分配的问题。无政府主义者不顾生产力的发展水平，主张"绝对平均"和"按需分配"，反对社会主义所主张的个人消费品实行"按劳分配"的原则。早期马克思主义者认为在生产资料公有制的条件下，社会消费品分配只能按照生产力的发展水平进行"按劳分配"，如不顾生产力发展水平而"按需分配"，则无法有正常的社会经济秩序。因为"各取所需"的理想，"非得世界的产业发展到极境的时候"，才能实现，即只有到了"社会的生产力发达到无限制的程度，生产物十分丰富，取之不尽，用之不竭，这'各取所需'的分配原则是很可实行的"[①]。马克思主义者与无政府主义者的论战，进一步传播科学社会主义基本理论，推动马克思主义经济学理论的普及，有助于厘清思想的迷雾，帮助国人认识到社会生产力水平对社会生产和消费所起的决定性作用，抛弃小资产阶级平均主义不切实际的幻想。

　　五四运动之后发生的这三次争论，对坚持走社会主义道路、坚持无产阶级专政，树立马克思主义在中国社会改造中的指导地位有重要意义。论战中涉及中国社会变革道路及其所关联的许多经济学问题，因而也关系到马克思主义经济学在中国是否适用的问题。这三次论战，扩大了马克思主义经济学思想的传播，使马克思主义经济学以及马克思主义社会革命理论逐步被社会先进知识分子所认可。应该说马克思主义早期在中国的传播为在黑暗中探索的国人带来了光明，中国共产党成立后，积极领导工农运动，在革命运动过程中与孙中山领导的国民党进行合作，推动了国民革命运动的发展。

　　随着国民革命运动的蓬勃发展，特别是北伐战争势如破竹，几乎将帝国主义扶植的封建军阀消灭殆尽，直接威胁到了

---

① 中共中央文献研究室，中央档案馆. 建党以来重要文献选编（1921—1949）：第1册［M］. 北京：中央文献出版社，2011：495.

帝国主义列强在中国的利益，帝国主义列强转而拉拢、扶植以蒋介石为代表的国民党反动派，破坏国共合作，破坏中国革命。1927年，蒋介石、汪精卫发动了"四·一二""七·一五"反革命政变，窃取革命的果实，成为帝国主义在中国新的代理人。蒋介石在帝国主义支持下，建立南京国民政府，并逐渐建立起对全国的统治，在其统治区域大肆搜捕屠杀共产党人和革命群众，制造白色恐怖，中国共产党及其领导的各种活动遭到严重破坏，被迫转入地下。大革命的失败暴露了中国共产党在思想和理论上的不足，加强马克思主义理论和中国国情的研究，为新革命高潮的到来夯实基础和准备力量成为大革命失败以后中国共产党的重要工作内容。

第二节　大革命后马克思主义传播与中国经济学的发展

大革命失败以后，中国政治局势发生变化，中国共产党领导的革命运动和马克思主义理论的宣传已经无法公开合法地进行，有关马克思主义的书籍都被列为禁书，禁止在市面流通发行，迫使不少知识分子从直接参加革命转向相对隐蔽的学术研究。大革命的失败同样暴露出中国共产党人在理论准备上的不足，中国共产党以及哲学社会科学工作者开始对革命斗争进行学理上的反思，由此促进学术研究的发展，在哲学、经济学、社会学、史学研究领域取得重要进步。在学理的反思和研究中，马克思主义政治经济学作为与现实经济变动密切联系的学科，中国马克思主义经济学研究也显示了与现实斗争、经济变动相联系的特点。大革命失败后马克思主义的传播并没有因为国民党当局的镇压而消沉，反而以更加蓬勃的势头崛起，相关著作的译介出版更加迅速，有关学术问题的研究也更加深入。以马克思主义为指导研究中国社会经济性质成为中国马克思主义者们研究的重要方向，中国经济学在既有的学术积累的基础上得到空前发展。

一、马克思主义经济学思想著作的翻译出版

（一）马克思《资本论》的翻译出版

20 世纪 20 年代，在国内经济研究领域兴起译介马克思主义经济学著作的热潮，一方面与中国共产党的领导和重视分不开，另一方面得益于中国马克思主义经济学家在艰难环境下的卓绝努力。1921 年中国共产党成立以后，开始有组织地翻译马克思主义经典著作，以指导革命实践。中国学者在探寻救亡图存的过程中对西方的科技、制度、理论都进行了深入研究。在经济研究领域，马克思主义经济学著作在此情况下越来越多地被翻译出版。其中作为马克思主义政治经济学的最主要的代表作《资本论》得到高度的重视。《资本论》是马克思研究资本主义经济学的心血之作，马克思生前仅出版了《资本论》第1

卷，它的第 2、3 卷是由恩格斯在马克思逝世后编辑出版的。

　　1921 年，北京大学的"马克思学说研究会"在李大钊的指导下曾着手搜集马克思主义原著及其有关资料，翻译《资本论》第 1 卷，但当时条件有限，没有出版。1930 年，上海昆仑书店出版陈启修（陈豹隐）翻译的《资本论》第 1 卷第 1 分册（第 1 篇），这是《资本论》最早的一个中译本。1932 年至 1933 年，北平亚东书店出版了潘东舟译的《资本论》第 1 卷第 2、3 分册，可将其与陈启修译的第 1 分册相衔接。1932 年，侯外庐与王慎明（王思华）翻译的《资本论》第 1 卷，由北平国际学社出版。1936 年《资本论》第 1 卷又以玉枢署名出版上下册合订本。马克思恩格斯《资本论》全部 3 卷在中国的翻译出版，是由郭大力和王亚南完成的，1938 年由读书生活出版社出版。郭大力、王亚南的译本是《资本论》的全译本，而不像以往译本只是第 1 卷甚至只是第 1 卷的一部分。1949 年，作为《资本论》第 4 卷的《剩余价值学说史》（考茨基编），也在郭大力的翻译下，由上海读书·生活·新知三联书店和新中国书局同时出版发行。至此，《资本论》中文版的全译本全部出齐问世。《资本论》出版发行为马克思主义传播和《资本论》的研究创建了一个良好而科学的平台，也为中国经济学的研究提供了重要的理论文本支撑。

（二）国外学者研究《资本论》以及马克思主义经济学著作的译介出版

除了《资本论》的原文著作，外国学者研究和介绍《资本论》的著作也被大量翻译过来并陆续出版，对当时马克思主义经济学的研究和中国经济学的建构提供了重要的借鉴。1920年李汉俊翻译了米里·伊·马尔西（Marcy E. Mary）所著的《马克思资本论入门》，由社会主义研究社和新文化书局出版。李季翻译了博洽德（Lulian Barchardt）所编著的《通俗资本论》，由社会科学社在1926年至1929年间出过4版。1929年，刘野平翻译了日本学者河上肇所著的《〈资本论〉入门》第1卷上册之一、二，由上海晨曦书店出版。施复亮翻译了高岛素之所著的《资本论大纲》，分别由大江书店和神州国光社在1930年和1932年先后出版。1930年，陆志青翻译日本学者山川均所著的《马克思资本论大纲》，由上海未名社出版，1933年上海辛垦书店又出版了傅烈的译本。1930年，吴曲林翻译爱德华·耶费宁（Edward Aveling）所著的《马克思资本论研究纲要》，由上海联合书店出版。1939年，章汉夫和许涤新翻译恩格斯所著的《恩格斯论〈资本论〉》，该书由读书生活出版社出版。1949年，哈尔滨新中国书局出版徐坚翻译的列昂节夫（Leontief）所著的《论马克思的〈资本论〉》。此外，还有其他一些以《资本论》为基本内容的经济学著作也被翻译出版。1930年大江书铺出版了陈雪帆和施复亮翻译的日本思想家河上肇所著的《马克思经济学的基础理论》。

（三）马克思主义其他经济学著作的翻译出版

20世纪二三十年代，马克思、恩格斯、列宁的经济学著作也不断被翻译和出版。1922年北京《今日》第1卷第4号发表了《哥达纲领批评》。1922年商务印书馆出版了《价值价格与利润》（《工资、价格与利润》）。中国共产党成立以后在上海组建的人民出版社，先后出版陈望道翻译的《共产党宣言》和李汉俊翻译的《工钱劳动与资本》（《雇佣劳动与资本》）等。1930年，上海昆仑书店出版了吴黎平（吴亮平）翻译的《反杜林论》。1931年上海神州国光社出版了郭沫若翻译的《政治经济学批判》。列宁研究资本主义的经济学著作也被大量翻译出版。1929年，上海启智书局出版了刘楚平译的《资本主义最后阶段 帝国主义论》。1930年，上海春秋书店出版了彭苇秋等译的《俄国资本主义的发展》。到20世纪40年代末，马克思、恩格斯、列宁等数十本经济学经典著作，如《雇佣劳动与资本》《工资、价格和利润》《共产党宣言》《政治经济学批判》《哥达纲领批判》《剩余价值理论》《家庭、私有制和国家的起源》《帝国主义是资本主义的最高阶段》《俄国资本主义的发展》等的中文译本相继完整地或比较完整地被翻译出版发行。据统计，1920年至1949年，马克思主义经济学著作翻译到中国的就有 219 种。①

新中国成立前，苏联学者们所著的政治经济学著作也被翻译和出版。如苏联学者列昂节夫所著的《政治经济学》，1936由苏联外国工人出版社出版，1949 年，解放出版社依据此版本在中国再版，后面又重印几次，在中国产生比较大的影响。波格丹诺夫（Bogdanov）的《经济科学大纲》最先由施存统译介过来，1927 年由新青年社最先出版，1929 年又由上海大江书铺出版，到 1932 年共印发了 6 次，波格丹诺夫的《经济科学大纲》对前资本主义社会、资本主义社会和社会主义社会进行了科学分析，非常具有学术价值。还有苏联拉皮多斯（Lapidos）和阿斯托罗维将诺夫（Ostrovitianov）著的《政治经济学》，最早由陆一远翻译，中文译本于 1929 年出版。该书是按照《资本论》的基本结构原理论述资本主义经济，同时联系苏联经济做了分析研究，在中国亦产生较大影响。

马克思主义经济学著作在中国的译介出版一方面为中国学者研究马克思主义政治经济学提供丰富的文本材料，丰富了马克思主义经济学研究的典藏体系；另一方面为中国学者运用马克思主义经济学基本理论、方法研究中国社会经济基本问题，建构具有中国特色的经济学提供了文本支撑。

----

① 施岳群，袁恩桢，程恩富．二十世纪中国社会科学：理论经济学卷［M］．上海：上海人民出版社，2005：41.

二、中国社会性质问题论战与中国经济学的发展

马克思主义在中国的传播伴随着质疑和抨击，中国马克思主义者也在论战中坚定树立起马克思主义的大旗。马克思主义早期传播过程中，中国马克思主义理论家便与胡适、张东荪等展开了问题与主义之争、关于社会主义的论战、与无政府主义的论战等，在与各种流派的论战中促进了马克思主义的传播。20世纪20年代末30年初，中国思想文化界进行的关于中国社会性质问题的论战、中国社会史问题的论战、中国农村社会性质论战进一步促进了马克思主义的传播。在持续几年的论战中，各个学科领域的学者几乎都参与了论争，并在此基础上重新审视本学科的研究对象、方法和发展走向等问题。中国马克思主义经济学研究者在实践中将马克思主义政治经济学的分析方法与中国经济现状的认识紧密结合起来，一方面推动着中国经济学研究的现代转型，另一方面推动马克思主义政治经济学研究走向体系化和本土化。其中，中国社会性质问题论战和中国农村社会性质论战，对中国马克思主义经济学发展的影响最为深远。论战使得学界对中国社会的性质以及历史发展的基本问题、基本概念达成了共识，奠定了中国马克思主义经济学的研究基础、对象和范式。

（一）推动中国经济学的基础概念和范畴形成

一门学科的成熟以学科概念、研究对象、研究队伍、学术

成果的成熟为标志。中国马克思主义理论工作者和哲学社会科学家在中国社会性质和中国农村社会性质论战中，指出中国社会是"半殖民地半封建"社会，并以此概念作为分析研究中国经济状况，探讨中国经济演变轨迹的核心概念。

经济学家王学文（王昂）在论战中，对"半殖民地"与"半封建"的联系有具体的阐发和实质性把握。他一方面"断定中国主要的经济是封建的半封建的经济"，认为"广大面积的中国，维持着种种的经济形态，边界地方广大区域的原始的幼稚的经济，因为其为自给自足经济并且因为孤立地隔离地经营的关系，在中国经济中并不占重要的地位。在中国经济中占重要地位，在中国经济生活中上演着重要角色的，实在是封建的半封建的经济"①。另一方面，又通过帝国主义与中国经济关系的剖析肯定"中国经济实在是帝国主义侵略下的一个半殖民地的封建的经济"，其基本依据是"帝国主义因为其内在的矛盾和其相互间的冲突，必然地要对半殖民地的中国实行其政治的经济的侵略"②。中国共产党早期的理论家潘东周在论战中也发表了关于中国半殖民地半封建经济的重要看法，一方面"中国是半殖民地的国家，帝国主义在中国经济中握有最高的

---

① 王昂. 中国资本主义在中国经济中的地位其发展及其前途［M］//高军. 中国社会性质问题论战（资料选辑）：上册. 北京：人民出版社，1984：190.

② 王昂. 中国资本主义在中国经济中的地位其发展及其前途［M］//高军. 中国社会性质问题论战（资料选辑）：上册. 北京：人民出版社，1984：194-195.

统治权"①，另一方面"因为中国是一个落后的农业国家，所
以这些半封建关系在农业经济中的优势，实际就占领了整个中
国经济中的优势"②，凸显了"半殖民地"与"半封建"之间
的内在关系。苏华根据其分析，认为资本主义经济在中国经济
生活中尚未占有统治地位，而封建主义的经济成分，也还正在
崩溃的过程中。整个经济的发展，正在由前资本主义（正在崩
溃中的封建主义）过渡到资本主义的阶段。对于中国社会的具
体形态，苏华认为"半殖民地的半封建经济，这也就是中国经
济底质"③。对于中国经济社会的性质判断，何干之也进行深
入分析。杜鲁人于 1934 年出版《中国经济读本》，全书六章
中，始终以半殖民地性半封建性这个主题为经，以真实的材料
为纬，使理论与实际，纵横交错，把中国经济的真相和盘托
出，认定"半封建性半殖民性是中国经济的特点，这种社会可
以叫作'半殖民地化的半封建社会'"④。

　　1935 年，沈志远在总结中国社会性质问题论战时，认为
20 世纪 30 年代关于中国社会性质问题论战所确立的"半殖民

①　潘东周. 中国经济发展中的根本问题［M］//高军. 中国社会性质问题论战
　　（资料选辑）：上册. 北京：人民出版社，1984：203.
②　潘东周. 中国经济发展中的根本问题［M］//高军. 中国社会性质问题论战
　　（资料选辑）：上册. 北京：人民出版社，1984：209.
③　苏华. 中国资本主义经济的发展［M］//高军. 中国社会性质问题论战（资
　　料选辑）：上册. 北京：人民出版社，1984：778.
④　杜鲁人. 中国经济读本（节录）［M］//高军. 中国社会性质问题论战（资
　　料选辑）：上册. 北京：人民出版社，1984：815-816.

地半封建社会"这一概念，在事实上已经被一切革命者和进步的人们接受，"现在你随便拉住一个稍稍留心中国经济问题的人，问他中国经济的性质如何，他就会毫不犹豫地答复称：'中国经济是半殖民地的半封建经济'"①。需要指出的是，中国马克思主义者确立的"半殖民地半封建社会"的概念，内含政治上中国处于半独立状态而受帝国主义支配，经济上封建生产关系开始瓦解但仍处于支配地位，这是从政治与经济相结合的视角来定性中国的社会性质，因而是一个独到的学术创新。"半殖民地半封建社会"基本概念的确立，是中国社会性质问题论战的重要成果，成为中国学者研究近代中国社会的基本共识，对中国马克思主义经济学、政治学、历史学、社会学等各门具体学科的发展产生了深远影响。此后的中国马克思主义经济学理论工作者，正是以"半殖民地半封建社会"概念构建起中国近现代经济研究的学术体系。

20世纪30年代初期开展的关于中国农村社会性质论战，也是在经济理论上的一场政治性斗争。在论战中，李达、王学文、孙冶方、薛暮桥、沈志远、陈启修等一大批的马克思主义理论家运用马克思主义基本观点和方法，深入考察中国农村社会经济实际，明确指出中国社会经济性质是半封建半殖民地的，而不是"封建的经济与资本主义经济的杂然错综"，更不

① 沈志远. 现阶段中国经济之基本性质 [J]. 新中华, 1935, 3 (13)：35.

是已经达到了"资本主义经济"。除了李达、王学文、孙冶方、薛暮桥、沈志远、陈启修，一大批在中国社会性质问题论战和中国农村经济性质论战中脱颖而出的进步知识分子也加入中国马克思主义经济学的研究队伍之中，他们一方面继续译介马克思主义经济学著作的同时加强对中国经济的研究，另一方面积极推动发展中的中国马克思主义经济学向通俗化的方向前进。值得注意的是，李达、王学文等马克思主义经济学家，对经济学如何建设成马克思主义经济学进行了较为系统的学理阐发。他们所主张的广义经济学，除了研究历史上各种顺序发展的经济形态以外，还强调对中国经济的研究。只有这样的研究，才能理解经济变化一般原理在具体的中国经济状况中所显现的特殊姿态、特殊特征，才能得到具体的经济理论。中国的马克思主义理论工作者在引进马克思主义经济学理论的同时，积极研究中国的经济状况，尝试寻找中国经济发展的新道路，对中国经济学发展和体系构建做出重要贡献。

（二）明确中国经济学研究的重点和方向

20世纪30年代中国社会性质问题论战将对中国经济研究重要性认识上升到科学高度，深入学理层面，是中国经济学走向成熟的标志。在这次论战中，马克思主义理论工作者指出中国实际生活中的一个根本问题——经济发展问题，以社会科学的方法对经济发展问题加以整理研究，是中国马克思主义理论工作者一项紧迫的任务，对于人文社会科学的发展具有基础性的意义。这是因为"经济生活是一切社会实际生活中的基础，也只有具体地了解经济发展中的种种问题，然后才能找出研究一切实际问题的头绪。也只有经济的研究，才能充实社会科学的研究"①。中国经济的研究对中国马克思主义经济学的发展有重要意义，对以马克思主义指导的各门学科的发展也有重要意义。在强调中国经济研究重要性的基础之上，学者们进一步明确了中国经济的一些具体的研究对象，包括以下方面。

1. 帝国主义与中国近代社会经济关系

关于帝国主义近代中国社会经济的关系，一直是中国马克思主义者研究的重要课题，但真正开展具体实证的研究，并科学指明帝国主义对中国经济发展所起的阻碍作用，是从中国社会性质问题论战开始的。王学文在论战中分析帝国主义对中国的商品输入、资本输出所造成的影响，揭示帝国主义如何利用其巨额资本的力量，低额的关税，优良的技术，中国廉价的劳动力和原料，生产商品在中国贩卖，垄断中国的市场，操纵中国的金融，千方百计限制中国资本主义经济的发展。研究帝国主义与近代中国经济的关系，自然绕不开帝国主义与中国民族资本主义的关系。关于帝国主义在华经济与中国民族资本主义

---

① 潘东周. 中国经济发展中的根本问题［M］//高军. 中国社会性质问题论战（资料选辑）：上册. 北京：人民出版社，1984：62.

经济的关系，苏华进行深入研究，指出："中国经济也就成了世界经济的一环，与帝国主义在华的经济更发生着非常密切的关系。"① 因此，中国民族资本主义经济与帝国主义在华经济也同样形成了有机的关系。但是，他们之间的关系是支配与被支配的关系，是宗主国经济与附庸经济的关系。他们之间，不单有形式上的差异，而且有本质上的区别。一方面帝国主义在华发展交通事业，开掘矿山等，客观上创造了中国民族资本主义发展的基础条件，使民族资本主义经济只能畸形地发展；另一方面，为将中国变为完全的殖民地，使中国经济的发展不致与其宗主国利益有什么冲突，帝国主义有意识地利用封建残余势力来破坏和阻碍中国民族资本主义的发展，即帝国主义在华经济的发展，成为民族资本主义发展的压力。因此，中国马克思主义者的研究结论是，中国的资本主义"不过都是帝国主义直接的附属，一点也不能独立。它不但受帝国主义支配，而且还少后者不得"②。

值得注意的是，中国马克思主义者不仅说明帝国主义与中国经济的关系，还对帝国主义与中国封建势力之间的关系进行深入分析。帝国主义影响中国经济的一个重要方面是利用中国

① 苏华. 中国资本主义经济的发展 [M] //高军. 中国社会性质问题论战（资料选辑）：上册. 北京：人民出版社，1984：778.
② 伯虎. 中国经济的性质 [M] //高军. 中国社会性质问题论战（资料选辑）：上册. 北京：人民出版社，1984：497.

的封建势力，因而出现了"帝国主义与中国封建制度的勾结"，其重要的表现为"帝国主义对于中国一切封建军阀的苛捐杂税，同样是采取一种帮助与维持的态度。这些军阀官僚之封建式的剥夺，并不能够影响到帝国主义在中国所建立的产业，而是使中国民族工业更加难于发展，使帝国主义可以垄断在市场竞争中的胜利"[1]。由此，"帝国主义和其走狗封建势力"成为"中国经济的压迫者，经济发展的束缚者，同时也是中国资本主义经济的阻碍者"，于是"中国经济实在是帝国主义侵略下的一个半殖民地的封建的经济"[2]。

2. 中国资本主义经济的状况和发展程度

在中国社会性质问题的论战中，马克思主义学者们考察了资本主义经济在中国发展的事实，肯定资本主义在中国有一定程度的发展和进步意义。第一次世界大战期间，由于帝国主义忙于战争，中国的民族资本主义竞争者减少，同时海外商品需求增加，于是"中国资本主义，特别是民族工业在短时日之间有了不少的发展"[3]。马克思主义学者们认为，中国的民族资本主义经济相对封建经济而言是一种新经济，对中国社会而言

①　潘东周. 中国经济发展中的根本问题［M］//高军. 中国社会性质问题论战（资料选辑）：上册. 北京：人民出版社，1984：205.
②　高军. 中国社会性质问题论战（资料选辑）：上册［M］. 北京：人民出版社，1984：195.
③　高军. 中国社会性质问题论战（资料选辑）：上册［M］. 北京：人民出版社，1984：196.

有重要进步意义，对资本主义经济在中国的发展应该予以充分肯定。有学者在论战中指出中国不是一个资本主义国家，但是不否认中国国内有资本主义性质的企业。在他们看来，近代中国的确有新式的企业产生，如在经济中心的上海遍布着许多大大小小的新式近代工厂，北方的天津，中部的武汉，南方的广州，同样也涌现很多新式工厂，除了近代工厂，还有许多大大小小的银行，大规模的百货商店。然而中国有资本主义的经营是一件事，但是资本主义有没有发展的可能是另外一件事，资本主义从前在中国确实有过一定的发展迹象，但是将中国直接定义为资本主义国家又是另外一件事。在很多学者看来，研究中国经济固然要看到资本主义在中国存在的事实，但同时更要看到中国的资本主义是什么样的资本主义，即中国的这种资本主义处于一个怎样的发展阶段，中国的资本主义经济在整个中国社会经济中处于怎样的地位。在当时来看，中国资本主义经济并没有占得很大的区域，在中国经济中也没有压倒的势力，不是代表中国经济的主要特征。更为重要的是，中国资本主义经济虽然有较长时期发展的历史，但是始终停留在一些民用的轻工业上，停顿于一定状态之下，因此"在中国整个经济不得不居于次要的地位，不能形成主要的支配的经济形态"①。因

---

① 王昂.中国资本主义在中国经济中的地位其发展及其前途［M］//高军.中国社会性质问题论战（资料选辑）：上册.北京：人民出版社，1984：192.

为中国民族资本主义是在畸形中发展，本身尚受帝国主义经济压迫与支配，因此其本身并没有足够的实力来支配整个国民经济生活，所以在事实上居于支配地位的是帝国主义经济，而居于领导地位的也还是帝国主义经济。那种认为中国经济已经资本主义化的见解，是没有深入研究中国资本主义是否在中国经济中处于支配性地位的实际问题，其认识带有"盲目"的，是不能真正认识中国经济的现状的，更无法为中国经济发展提供科学的思路。中国马克思主义理论工作者在论战中得出中国的资本主义经济在中国社会经济中不占主导地位的结论，是对中国经济状况进行研究的重大贡献。

3. 封建势力及其在中国农村经济中的影响

在中国农村社会性质论战中，马克思主义理论研究者对中国农村社会中的封建剥削关系也进行了深入剖析和探讨。他们指出封建剥削关系在农村广泛存在，而且在农村经济结构中占据着重要的主导地位。张闻天指出："在中国农村地主、商人，高利贷者对于中国农民的剥削，只要稍微知道一点政治经济常识的人，就可以知道那不是资本主义剥削，而是封建式的剥削，因为这里对立的不是在土地上投下资本取得平均利润的资本家与得到工资的工人，而是将土地出租给农民，从农民那里收到地租的地主与农民。这种地租不论是生产品的或是金钱的，同在资本主义社会中的地租，含有完全不相同的意义。至于这里的商业资本与高利贷的作用，同资本主义社会中的商业资本与借贷资本也是性质上不相同的。"① 中国马克思主义理论工作者对农村中"农民两极化"问题进行研究，指出"农民两极化"是中国农村中"重要的现象"，但"这不是主要的现象"，因为中国农村中主要的现象，是地主的剥削，封建制度框架下所流行的高利贷和商业资本的剥削盛极一时，加上地主豪绅的剥削，再加以军阀的搜括，造成了近代中国农民的极度贫困。因此，"农村中主要的关系，还是佃农半佃农受半封建式的严酷剥削和军阀系统的搜括……资本主义在乡村中有影响，但是现在农业危机，农民破产的情形，主要的不是资本主义在乡村发展的结果"②，中国马克思主义理论工作者聚焦于从生产关系维度深入剖析中国农村剥削关系，为中国农村经济研究厘定了基本思路。在他们看来，只要对中国农村进行细微的考察，就会清晰看到主导中国农村生产方式，还是以手工生产为核心的封建式生产模式，而不是资本主义式的生产。广大农村主要的生产者依然是佃农、自耕农等，而不是农业资本家与农村工人。农民饱受军阀、地主、高利贷者的多重盘剥，为了交纳繁重的苛捐杂税、地租利息等，他们不得不以低廉价格

---

① 刘梦云．中国经济之性质问题的研究［M］//高军．中国社会性质问题论战（资料选辑）：上册．北京：人民出版社，1984：531-532.
② 伯虎．中国经济的性质［M］//高军．中国社会性质问题论战（资料选辑）：上册．北京：人民出版社，1984：495.

地出卖他们的生产物品。这同农业资本家为了取得最大化利润而进行土地耕种，出卖农产品的动机有根本上的差别。基于对中国农村经济现实情况的考察，马克思主义理论工作者得出中国农村仍然深陷封建的剥削关系的桎梏之中，吴黎平指出"现在中国农村租佃制度下的剥削关系，是封建式的剥削关系"①。杜鲁人指出"封建势力不但在都市占据着支配的优势，在农村也是这样"②。

（三）指出中国经济发展的非资本主义前途

马克思主义理论工作者认为，研究中国经济的目的就是要探寻中国经济的发展方向，这需要联系中国共产党领导的土地革命以及中国所面临的国际国内条件等因素综合分析。何史文认为中国经济的前途与共产党领导的土地革命的影响是相关的，由于"工人阶级领导农民的基本群众的土地革命，彻底地完成民权革命的任务——解放中国，推翻帝国主义和地主资产阶级，建立工农民权独裁，这是中国的唯一出路。而中国无产阶级的特殊地位，他的领导权，一般的国际和国内的条件都足以保障'革命转变'的斗争的胜利，而开辟中国经济的非资本

---

① 吴黎平. 中国土地问题［M］//高军. 中国社会性质问题论战（资料选辑）：上册. 北京：人民出版社，1984：245.
② 杜鲁人. 中国经济读本（节录）［M］//高军. 中国社会性质问题论战（资料选辑）：上册. 北京：人民出版社，1984：849.

主义的——社会主义的发展的道路"①。张闻天（刘梦云）在论战中认为也"只有了解到中国革命转变问题的人，才会了解非资本主义前途的问题"②，因而中国经济的"非资本主义前途"问题必须从政治方面特别是从中国共产党领导的土地革命方面来分析。具体说，"中国的土地革命一直到平均分配一切没收的土地，一直到土地国有，是民主资产阶级性的。他不但不阻止资本主义的发展而且给资本主义的发展肃清道路。这土地革命，是反对大资产阶级的，但对小资产阶级的农民，却是有利的"③。伯虎也认为中国经济发展方向的问题不是一个单纯的经济问题，更是一个与政治斗争实际相联系的问题，需要从中国革命的历史进程及其目标进行研究。他指出，"中国因为受帝国主义协同军阀买办豪绅地主的压榨，现在全部的经济，虽然个别部门，有些进展，但是的确处在停顿和破坏状态之下，农村里尤其厉害。这样的情形，是不能'长治久安'下去的。工农贫民群众必然，而且已经起来，为土地革命，劳动

---

① 刘梦云. 中国经济之性质问题的研究：评任曙君的《中国经济研究》[M]//高军. 中国社会性质问题论战（资料选辑）：上册 [M]. 北京：人民出版社，1984：713.

② 刘梦云. 中国经济之性质问题的研究：评任曙君的《中国经济研究》[M]//高军. 中国社会性质问题论战（资料选辑）：上册 [M]. 北京：人民出版社，1984：571.

③ 刘梦云. 中国经济之性质问题的研究：评任曙君的《中国经济研究》[M]//高军. 中国社会性质问题论战（资料选辑）：上册 [M]. 北京：人民出版社，1984：571.

条件而奋斗。而解决民主革命的任务，只有他们能担任。革命成功，建设工农专政。他是帝国主义的死敌，必然要打倒帝国主义。……倘中国幼弱的工业，还要向资本主义发展，还要遭受资本帝国主义灭亡或支配的（如土耳其）。所以只有经过各种经济政策，导引中国全部经济走向非资本主义的发展"①。不难看出，中国马克思主义理论工作者在论战中，指出了中国经济发展的未来方向绝不仅仅是一个经济自身的问题，更是一个与政治斗争密切相联系的问题。可以说，从政治与经济的辩证关系中来阐明中国经济演变过程并指出中国经济的"非资本主义前途"，是中国马克思主义理论工作者研究中国经济问题的重要视角，同时也是研究中国经济发展的最终指向和目的。

第三节 马克思主义的传播与中国经济学发展的成熟

全面抗战爆发后，中国共产党从民族的利益出发，以宽阔的胸襟提出了国共合作，建立抗日民族统一战线的主张。随后中国共产党在国民党统治的许多城市建立起了办事处、联络处，作为宣传中国共产党理论思想、团结人民群众和各种知识

---

① 高军．中国社会性质问题论战（资料选辑）：上册［M］．北京：人民出版社，1984：499-500.

文化力量建立抗日民族统一战线的领导机构。这些机构一方面推动国统区马克思主义理论和中国共产党的主张的宣传，另一方面推动不同地区思想文化、学术研究的交流互动，不少进步知识文化人士通过各地办事处走向延安，为延安哲学社会科学的发展注入新鲜血液。在这期间国内战争持续不断，很多高校、研究机构和学者都不得已到处辗转，但中国马克思主义学术研究经历了 20 多年的不断积累，中国马克思主义经济学家在艰难的环境中持续不断地研究探索，以及中国共产党对社会经济问题研究的高度重视，中国马克思主义经济学研究并未中断，而且在战斗中走向成熟。1937 年以后，中国共产党以更加成熟的姿态为马克思主义的传播开辟道路，特别是 1938 年毛泽东提出"马克思主义中国化"这一重要命题后，学术界也围绕着"学术中国化"进行了深入的研究，一批具有重大影响的马克思主义经济学家，活跃在经济学研究的前沿，他们将科学的理论与中国实际研究相结合，产生了一批具有代表性的中国马克思主义经济学著作，形成较为完整的马克思主义经济学体系，成功地将马克思主义经济学理论与中国社会经济情形相结合，创立了崭新的新民主主义经济学理论，推动了中国经济学走向成熟。

一、马克思主义经济学研究队伍的成熟

中国共产党经历艰难的长征到达陕北后，开始反思自身在

理论研究和思想准备上的不足。一方面加强马克思主义经典著作的翻译和研究工作，另一方面积极反思早期失败经验教训并着手党员干部的思想理论教育。1938年5月5日，延安创办了第一所专门研究马克思主义理论的学校——马克思列宁学院。马克思列宁学院开设了政治经济学的课程。1941年7月，马克思列宁学院改组为马克思列宁研究院。同年8月1日，又改组为中央研究院，设置了9个研究室，其中就有中国经济研究室，以王思华为主任。毛泽东还亲自过问《资本论》等马克思列宁经典著作的编译和出版工作，并带头研读《资本论》《共产党宣言》等经典著作，还将《资本论》等有关经典著作指定为各级干部、各类学校的教材和必读书籍。在广大的国统区，"左联"和"社联"解散以后，大批具有重要影响的经济学家、红色教授加入抗日救国统一战线，活跃在经济研究的前沿，他们依托所在的高校、科研机构或者所担任的职务便利，持续开展经济学的有关研究，出版大量经济学著作，与解放区的经济学家一道展示了中国经济学研究的巨大成果。

　　这一时期的中国经济学家，大多是在20世纪30年代的中国社会性质问题论战、中国农村社会性质论战中成长起来，经受过革命斗争的考验，具有深厚的马克思主义经济学理论涵养，因而他们的经济学思想都达到相当成熟的境界。经济学家以薛暮桥、王学文、王亚南、钱俊瑞、许涤新、彭迪先、王思华、郭大力、沈志远等为代表，对中国马克思主义经济学的学术体系构建做出重要贡献。在经济学著作方面，有一系列的代表性成果。譬如，王亚南的《中国经济原论》，被称为"中国式的《资本论》"。王亚南以半封建半殖民地的旧中国作为研究对象，分析了其经济结构、经济运行、主要矛盾、发展方向，以及旧中国政治经济学概貌，阐明了中国半殖民地半封建社会经济的基本特点，王亚南指出我们研究政治经济学是为了对中国社会经济改造有所贡献，因而王亚南深入研究马克思主义政治经济学与中国社会经济实际，目的是创立一种特别具有改造中国社会经济性质与内容的政治经济学。王亚南说，他写此书的主要目的是力图把帝国主义支配下的半封建半殖民地的中国经济作为整体研究对象，来揭露其内部矛盾及其向着毁灭和衰败之路迈进的辩证发展规律，指明中国经济未来发展方向。许涤新在这一时期出版了大量的经济学著作，代表性著作有《中国经济的道路》（生活书店 1946 年 12 月版）、《现代经济教程》（上海读书·生活·新知三联书店 1947 年 1 月版）、《新民主主义的经济》（上海联合发行所 1949 年 6 月版），在研究新民主主义经济方面做了可贵的探索。薛暮桥的《经济学》于 1946 年在上海读书·生活·新知三联书店出版，该书内容包括前资本主义和资本主义经济，并力求使其内容中国化，在学术界很有影响。王思华的《大众资本论》和《资本论解说》

先后于 1947 年和 1948 年分别由上海生活书店和乐北财经出版社出版，两本著作在宣传马克思主义经济学理论和普及马克思主义经济学知识等方面发挥了重要作用。这一时期中国马克思主义经济学家的学术著述丰富，新著迭出，中国经济学的学术影响力大为提升。

二、立足中国经济实际，形成中国特色经济学

在抗战时期和解放战争时期，中国马克思主义经济学家们除了进行基础的学科研究，还将中国经济现状的研究作为经济学研究的重点，深入研究半殖民地半封建社会性质，积极推动中国经济学学科的构建，使中国马克思主义经济学的中国特色更为显著。1938 年，毛泽东提出"马克思主义中国化"以后，学术界围绕着这一命题，提出了"学术中国化"的主张。王亚南根据中国社会变革的需要，鲜明地提出了建立"中国经济学"的任务。他在 1942 年前后，相继发表了《关于中国经济学建立之可能与必要的问题》《关于中国经济学之研究对象与研究方法的问题》等文章，提出建立"中国经济学"的任务，希望通过"中国经济学"这门学科的建立来引起人们对中国经济问题研究的高度重视，并激发人们对中国经济进行"科学研究的热忱"。他主张"中国经济学"的研究目标绝不是简单描述中国经济现象或梳理中国经济的演变过程，而是将中国经济

运行的规律作为中国经济学研究的主要内容。他指出："把中国经济作为对象来研究，显然是要求从那种研究中，发现中国经济内在诸因素相互作用的因果关联，其演变定律及一般倾向。申言之，即我们所着意的，与其说是中国经济之静态的理解，毋宁是其动态的把握。"① 王亚南认为，对中国经济学进行"规律"的研究与动态的把握，则必须扩充中国经济学的研究范围，使中国经济的研究发展成为对整个中国经济演变历程的研究。钱俊瑞对中国农村经济的研究有重要的贡献，他的《略论抗战中几个农村经济的问题》《现阶段中国农村经济研究的任务：兼论王宜昌韩德章两先生农村经济研究的"转向"》等文章，对农村经济状况、农村土地问题以及中国农业发展道路都做了深入的研究。钱俊瑞对农村经济情形进行深入的探讨，认为当时中国农村的经济可分为三个具体的层面，即中共领导的根据地的农村经济、国民党统治的大后方的农村经济、日本占领的沦陷区的农村经济。在研究中国农村经济时，钱俊瑞特别强调划分不同经济区域社会经济性质的重要性，如他认为共产党领导的区域在向新民主主义经济方向前进，"帝国主义的势力在这里已插不进脚""旧的破烂不堪的封建关系在逐渐消失"；国统区的农村经济依然是半殖民地半封建社会性质，"这里统治的关系依旧是半殖民地半封建的关系"，国统

---

① 王亚南. 王亚南文集：第 1 卷 [M]. 福州：福建教育出版社，1987：146.

区的整个社会"特别是农村社会本身的关系没有起很大的变化"；在沦陷区，则是"从半殖民地的经营形态变成十足的殖民地的经营形态"①。钱俊瑞注重农村土地问题的研究，认为"土地问题是中国农村问题的核心"。他指出："中国的土地问题，昨天是严重的，今天也并没有失去其严重性。因为占不到农村人口百分之四的地主们占有了差不多中国一半的耕地，而占农村人口百分之九十以上的中农贫农和雇农们却占不到耕地的百分之四十。……我们拼命地打日本鬼子，就是要打出一个：'中国的土地属于中国的人民'的结果来。这就是今天我们解决土地问题的主要方式。"② 钱俊瑞注重中国农业发展道路的研究，认为要实现农业的机械化，就要完成一定的历史条件和现实前提，特别需要着重解决现实的经济问题；而社会经济问题"则是如何发展生产，改善民生，来充实抗战的力量，奠定建国的基础的问题"，而不允许唱"建立机械化科学化的农业"的高调。钱俊瑞对中国农村经济状况的研究取得了突破性的进展，对中国农业的性质和特点、中国土地问题以及中国农业发展的道路等做出科学的回答。

---

① 钱俊瑞. 略论抗战中几个农村经济的问题［J］. 中国农村，1940，6（10）：9-14.

② 钱俊瑞. 略论抗战中几个农村经济的问题［J］. 中国农村，1940，6（10）：9-14.

三、立足学科特点，推动中国经济学体系构建

抗战时期以及解放战争时期，中国马克思主义经济学家对经济学的学科问题、马克思主义经济学理论体系建构方面做出了贡献。王学文认为马克思主义经济学在基本观点和方法上与资产阶级的经济学有显著的区别，它不是以一般的财富为研究对象，也不是以包罗万象的经济原则为研究对象。他指出，马克思主义经济学"研究的对象是生产方式，即生产关系与生产力的统一。这生产方式是具有历史性的，是社会历史上一定的生产方式。历史上人类社会不断地变化发展，每一个时代有一个时代的生产方式，占支配的领导的地位的生产方式。这支配的生产方式不单是与站在被支配地位的生产方式有所区别，同时也是在经济上划分时代的标志"①。在王学文看来，马克思主义经济学的学科有两个显著特征：一是具有高度的理论自觉性，马克思主义经济学是科学的政治经济学。它能用严谨的科学观点与方法来分析社会经济现象而把握其本质，并把握其内在的联络与联系。在纷繁复杂的经济现象中，得出经济运行的规律，把握其运动的本质。二是具有坚实的科学理论基础，中国经济学必须是"建立在辩证唯物论的科学的世界观的基础

---

① 王学文. 王学文经济学文选 [M]. 北京：经济科学出版社，1986：273.

上，同时也是建立在唯物辩证法的方法论之上的"①。王亚南也指出经济学作为一门科学，不是一般地描述社会的经济现象，而重在研究社会经济演变的规律，即经济学是以"法则"为研究对象的。他指出："经济学正如其他科学一样，它所研究的对象，是事物因果法则；而研究诸现象间因果和法则，自一方面而言，正需要一个具有最复杂的关系和现象的环境；反之，正因日常生活的关系和现象，愈益复杂化，也就愈益导向事物因果法则研究的要求与兴趣。"② 关于经济学的学科地位，王亚南认为其处于学术研究体系中的基础性地位。他指出："经济学是社会科学中最基本的科学，它既在上述的这种环境下，发展完成其体系，完整地将现实社会的发展转化的法则性指示出来，则其他的社会科学，也必然以经济学的成果，而渐次完成其体系。反过来讲，诸社会科学体系的完成，同时也就完成了统一的完整的科学的哲学世界观。"③ 中国马克思主义经济学家关于经济学的学科性质、学科特点及学科地位的研究，说明马克思主义经济学家对于建立中国马克思主义经济学体系有了高度的理论自觉。

马克思主义在中国的传播与经济学中国化发展紧密联系，一大批学者将马克思主义理论运用于中国经济问题的研究，在各自领域开疆拓土，推动了中国经济学的发展。虽然当时的中

---

① 王学文. 王学文经济学文选［M］. 北京：经济科学出版社，1986：361–362.
② 王亚南. 王亚南文集：第1卷［M］. 福州：福建教育出版社，1987：67.
③ 王亚南. 王亚南文集：第1卷［M］. 福州：福建教育出版社，1987：72.

国还没有建立社会主义社会，即使是苏联建立的社会主义也时日尚短，因此社会主义内在矛盾还没有充分暴露出来，社会主义社会发生作用的经济规律还没有被充分认识。但是经过老一辈马克思主义经济学家的努力，在宣传马克思主义的科学社会主义思想，批判旧中国社会经济制度的同时，勾勒中国将实行社会主义社会的基本轮廓，探索建立社会主义的道路，使经济学真正成为经世济民的科学，为新民主主义革命的胜利和新民主主义革命政权的建立和建设做了理论上的准备。

参考文献

一、著作

[1] 艾思奇．艾思奇文集 [M]．北京：人民出版社，1981．

[2] 陈铁健．中国近代思想家文库：瞿秋白卷 [M]．北京：中国人民大学出版社，2013．

[3] 陈唯实．陈唯实文选 [M]．广州：广东人民出版社，1986．

[4] 陈早春．新文学史料 [M]．北京：人民文学出版社，1980．

[5] 戴知贤．十年内战时期的革命文化运动 [M]．北京：中国人民大学出版社，1988．

[6] 郭沫若．中国古代社会研究 [M]．北京：商务印书馆，2011．

[7] 韩辛茹．新华日报史（1938—1947）：上 [M]．北

京：中国展望出版社，1987.

［8］郝时远.中国的民族与民族问题：论中国共产党解决民族问题的理论与实践［M］.南昌：江西人民出版社，1996.

［9］何干之.何干之文集：第1卷［M］.北京：人民出版社，1994.

［10］何润.马克思主义民族理论经典导读［M］.北京：中央民族大学出版社，1998.

［11］胡绳.胡绳全书［M］.北京：人民出版社，1998.

［12］姜义华.社会主义学说在中国的初期传播［M］.上海：复旦大学出版社，1984.

［13］金炳镐.民族理论通论［M］.北京：中央民族大学出版社，1994.

［14］李达.李达文集：第2卷［M］.北京：人民出版社，1981.

［15］刘正埮.汉语外来词词典［M］.上海：上海辞书出版社，1984.

［16］罗竹风.汉语大词典［M］.北京：汉语大词典出版社，1991.

［17］荣孟源.中国国民党历次代表大会及中央全会资料：上册［M］.北京：光明日报出版社，1985.

［18］沈国威.近代中日词汇交流研究：汉字新词的创制、容受与共享［M］.北京：中华书局，2010.

[19] 施岳群，袁恩桢，程恩富 . 二十世纪中国社会科学：理论经济学卷 [M] . 上海：上海人民出版社，2005.

[20] 史先民 . 中国社会科学家联盟资料选编 [M] . 北京：中国展望出版社，1985.

[21] 宋原放 . 中国出版史料：现代部分 [M] . 济南：山东教育出版社，2001.

[22] 孙江，刘建辉 . 亚洲概念史研究 [M] . 上海：生活·读书·新知三联书店，2013.

[23] 王东，陈有进，贾向云 . 马列著作在中国出版简史 [M] . 福州：福建人民出版社，2009.

[24] 文化部党史资料征集工作委员会 . 中国左翼戏剧家联盟史料集 [M] . 北京：中国戏剧出版社，1991.

[25] 文天行，王大明，廖全京 . 中华全国文艺界抗敌协会资料选编 [M] . 成都：四川省社会科学院出版社，1983.

[26] 夏衍 . 夏衍杂文随笔集 [M] . 上海：生活·读书·新知三联书店，1980.

[27] 姚辛 . 左联史 [M] . 北京：光明日报出版社，2006.

[28] 张宏儒 . 二十世纪中国大事全书 [M] . 北京：北京出版社，1993.

[29] 郑易里 . 英华大辞典 [M] . 上海：生活·读书·新知三联书店，1950.

[30] 中共中央党史研究室，中央档案馆 . 中国共产党第

六次全国代表大会档案文献选编［M］. 北京：中共党史出版社，2015.

［31］中共中央马克思恩格斯列宁斯大林著作编译局. 共产党宣言［M］. 北京：人民出版社，2014.

［32］中共中央马克思恩格斯列宁斯大林著作编译局. 列宁选集［M］. 北京：人民出版社，2012.

［33］中共中央马克思恩格斯列宁斯大林著作编译局马恩室. 马克思恩格斯著作在中国的传播［M］. 北京：人民出版社，1983.

［34］中共中央马克思恩格斯列宁斯大林著作编译局. 马克思恩格斯文集［M］. 北京：人民出版社，2009.

［35］中共中央马克思恩格斯列宁斯大林著作编译局. 马克思恩格斯选集［M］. 北京：人民出版社，2012.

［36］中共中央统战部. 民族问题文献汇编（一九二一·七—一九四九·九）［M］. 北京：中共中央党校出版社，1991.

［37］中共中央文献研究室. 毛泽东文集［M］. 北京：人民出版社，1996.

［38］中共中央文献研究室. 毛泽东选集［M］. 北京：人民出版社，1991.

［39］中共中央文献研究室，中央档案馆. 建党以来重要文献选编（1921—1949）［M］. 北京：中央文献出版社，2011.

［40］周子东，傅绍昌，杨雪芳，等. 马克思主义在上海

的传播（1898—1949） ［M］.上海：上海社会科学院出版社，1994.

二、期刊

［1］陈红娟，雷中华.概念史视域下马克思主义中国化研究的若干思考［J］.马克思主义理论学科研究，2017，3（4）.

［2］高永久，秦伟江."民族"概念的演变［J］.南开学报（哲学社会科学版），2009（6）.

［3］黄兴涛.概念史方法与中国近代史研究［J］.史学月刊，2012（9）.

［4］金炳镐，周传斌.马克思主义民族理论与中国民族理论学科：纪念马克思逝世120周年［J］.民族研究，2003（5）.

［5］康基柱.马克思主义民族理论在中国早期传播史略［J］.满族研究，2006（1）.

［6］李里峰.概念史研究在中国：回顾与展望［J］.福建论坛（人文社会科学版），2012（5）.

［7］田子渝，杨荣.列宁民族殖民地问题的理论传入我国的时间与最初影响［J］.江汉论坛，2010（8）.

［8］王希恩.批判、借助和吸纳：对马克思主义经典作家关于民族主义论述的再认识［J］.民族研究，2007（5）.

［9］吴治清.论马克思主义民族学的正式诞生及其理论发

展 [J]. 黑龙江民族丛刊, 1994 (3).

[10] 杨须爱. 马克思恩格斯列宁民族理论文献在中国的百年传播回溯 [J]. 中央民族大学学报 (哲学社会科学版), 2019, 46 (1).

[11] 杨须爱. 马克思主义经典作家民族理论文献在中国的早期传播 [J]. 中南民族大学学报 (哲学社会科学版), 2018, 38 (4).

[12] 杨须爱. "民族交融" 的科学内涵及实践意义 [J]. 贵州民族研究, 2014, 35 (2).

[13] 张世飞. 中国早期共产党人对马克思主义民族理论的传播与运用 [J]. 民族研究, 2010 (6).

后 记

　　张之洞于《劝学》中指出："世运之明晦，人才之盛衰，其表在政，其里在学。"中国近代西学东渐经历了由表及里、由浅入深的艰难探索过程，这一过程加速中国近代化的历程，为中国推翻旧世界、建立新世界奠定了基础。俄国十月革命的胜利为苦难中寻找救国之策的中国人民带来新的曙光，李大钊、陈独秀开始积极宣传俄国十月革命和马克思主义。五四运动以后，研究传播马克思主义的潮流悄然兴起。中国共产党自1921年成立以后，开始有组织地译介马克思主义的著作，传播马克思主义理论。中国进步哲学社会工作者在马克思主义指导下，立足中国社会实际和实践，将马克思主义基本原理与中国革命实际相结合，对历史、政治、经济、文化、社会等方面进行深入研究和剖析，在哲学、历史学、社会学、经济学、政治学、法学、文化学的研究上取得一系列重大成果，超越了中国传统的经学体系和西方传统的哲学社会科学体系，构建起了具

198

有中国特色的哲学社会科学体系。为中国共产党领导的新民主主义革命奠定了坚实的理论基础，为新生革命政权的建立和建设提供了学理的支撑。本书尝试从哲学、社会学、史学和经济学四个学科的发展窥探马克思主义在中国的传播及其如何影响中国的话语体系、学科体系乃至前途命运。研究粗浅，尚有许多不足和遗憾，希望能够得到前辈和同人的批评指正。